Grundschule heute

Herausgegeben von Sanna Pohlmann-Rother und Sarah Désirée Lange

Angesichts der aktuellen gesellschaftlichen Veränderungen thematisiert die Reihe »Grundschule heute« drängende Zukunftsfragen in ihrer Bedeutung für die Disziplin der Grundschulpädagogik und Grundschuldidaktik. Ziel der Reihe ist es, die institutionellen Bedingungen der Grundschule und die Fragen nach zeitgemäßen Bildungsinhalten neu zu bestimmen. Dabei stehen die kindlichen Lebenswelten und die aktuellen und veränderten Aufwachsensbedingungen der Schülerinnen und Schüler im Mittelpunkt.

Eine Übersicht aller lieferbaren und im Buchhandel angekündigten Bände der Reihe finden Sie unter:

 https://shop.kohlhammer.de/grundschuleheute

Die Autorin

Prof. Dr. Astrid Rank ist Inhaberin des Lehrstuhls für allgemeine Grundschulpädagogik und Grundschuldidaktik an der Universität Regensburg. Ihre Arbeitsschwerpunkte liegen in den Bereichen Kompetenzentwicklung in Aus- und Fortbildung, Inklusion und Sprachbildung in Sachsituationen. Sie leitet mehrere Drittmittelprojekte zu Aus- und Fortbildung für ein inklusives Schulsystem und verantwortet das Zusatzstudium Inklusion an der Universität Regensburg in Konzeption, Umsetzung und Begleitforschung.

Astrid Rank

Inklusion von Anfang an

Aufgabe der Grundschule

Verlag W. Kohlhammer

Für meine Mutter Maria Weiß, die alle Kinder von Herzen liebte
21.02.1940–21.10.2022

Dieses Werk einschließlich aller seiner Teile ist urheberrechtlich geschützt. Jede Verwendung außerhalb der engen Grenzen des Urheberrechts ist ohne Zustimmung des Verlags unzulässig und strafbar. Das gilt insbesondere für Vervielfältigungen, Übersetzungen, Mikroverfilmungen und für die Einspeicherung und Verarbeitung in elektronischen Systemen.

Die Wiedergabe von Warenbezeichnungen, Handelsnamen und sonstigen Kennzeichen in diesem Buch berechtigt nicht zu der Annahme, dass diese von jedermann frei benutzt werden dürfen. Vielmehr kann es sich auch dann um eingetragene Warenzeichen oder sonstige geschützte Kennzeichen handeln, wenn sie nicht eigens als solche gekennzeichnet sind.

Es konnten nicht alle Rechtsinhaber von Abbildungen ermittelt werden. Sollte dem Verlag gegenüber der Nachweis der Rechtsinhaberschaft geführt werden, wird das branchenübliche Honorar nachträglich gezahlt.

Dieses Werk enthält Hinweise/Links zu externen Websites Dritter, auf deren Inhalt der Verlag keinen Einfluss hat und die der Haftung der jeweiligen Seitenanbieter oder -betreiber unterliegen. Zum Zeitpunkt der Verlinkung wurden die externen Websites auf mögliche Rechtsverstöße überprüft und dabei keine Rechtsverletzung festgestellt. Ohne konkrete Hinweise auf eine solche Rechtsverletzung ist eine permanente inhaltliche Kontrolle der verlinkten Seiten nicht zumutbar. Sollten jedoch Rechtsverletzungen bekannt werden, werden die betroffenen externen Links soweit möglich unverzüglich entfernt.

1. Auflage 2024

Alle Rechte vorbehalten
© W. Kohlhammer GmbH, Stuttgart
Gesamtherstellung: W. Kohlhammer GmbH, Stuttgart

Print:
ISBN 978-3-17-041889-9

E-Book-Formate:
pdf: ISBN 978-3-17-041890-5
epub: ISBN 978-3-17-041891-2

Vorwort der Herausgeberinnen

Die aktuellen gesellschaftlichen und häufig globalisierungsbedingten Veränderungen beeinflussen Grundschulen auf mannigfaltige Arten. Angesichts dessen thematisiert die neue Reihe »Grundschule heute« – herausgegeben von *Dr. Sanna Pohlmann-Rother* (Inhaberin des Lehrstuhls für Grundschulpädagogik und -didaktik an der Universität Würzburg) und *Dr. Sarah Désirée Lange* (Inhaberin der Professur für Schulpädagogik der Primarstufe an der Technischen Universität Chemnitz) – drängende Zukunftsfragen in ihrer Bedeutung für die Disziplin der Grundschulpädagogik und Grundschuldidaktik. Die gesellschaftlichen und bildungspolitischen Entwicklungen der Gegenwart betreffen Bereiche wie Digitalisierung, Inklusion, Globalisierung, Migration und Flucht und bringen weitreichende neue Herausforderungen für Lehrkräfte, Schulleitungen und für Eltern und ihre Kinder mit sich.

So stellt beispielsweise der mit den gesellschaftlichen Digitalisierungsprozessen verbundene Anspruch, Schülerinnen und Schüler zu einem selbstbestimmten und reflektierten Umgang mit digitalen Medien zu befähigen, alle Beteiligten vor neue Herausforderungen. Auch Mehrsprachigkeit und Fluchtmigration sind Phänomene gesellschaftlicher Entwicklungen, die gegenwärtig in hohem Maße zur Komplexität professionellen Handelns von Lehrkräften beitragen.

Mit der vorliegenden Reihe soll der grundschulpädagogische Diskurs hinsichtlich der gegenwärtigen und zukünftigen Entwicklungen der Gesellschaft weiterentwickelt werden. Dazu werden in jedem Band neben einer forschungs- und theoriebasierten Auseinandersetzung auch jeweils praktisch umsetzbare Ansätze für die Gestaltung von Unterricht und von grundschulbezogenen Bildungsprozessen herausgearbeitet.

In diesem Zusammenhang werden auch die aktuellen Strukturen und Inhalte der Ausbildung von Grundschullehrkräften hinterfragt.

Vorwort der Herausgeberinnen

So werden in der Reihe »Grundschule heute« relevante Professionalisierungsfelder identifiziert, mögliche Implikationen für die Rahmenbedingungen der Lehrkräftebildung aufgezeigt und Anforderungen an eine qualitativ hochwertige und zeitgemäße Qualifizierung von Grundschullehrkräften diskutiert.

Zusammenfassend geht es darum, hinsichtlich gegenwärtiger und künftiger Herausforderungen die *institutionellen Bedingungen der Grundschule* mit dem Anspruch an grundlegende Bildung und die Frage nach zeitgemäßen Bildungsinhalten neu in den Blick zu nehmen. Damit verbunden ist die genaue Betrachtung *kindlicher Lebenswelten* und die Berücksichtigung aktueller Aufwachsensbedingungen der Schülerinnen und Schüler. Auf Schul- und Unterrichtsebene stellen sich dabei *pädagogisch-didaktische Fragen* zu denen auch rahmende Raum-, Zeit- und Organisationsstrukturen gehören. Auf Seiten der *Lehrkräfte* umfasst dies anspruchsvolle und zum Teil spannungsreiche Aufgaben, die sich beispielsweise in einem reflektierten Umgang mit sprachlicher Vielfalt und Mehrsprachigkeit im Zuge von Migration und Flucht manifestieren oder mit der Forderung nach einem inklusiven Schulsystem verbunden sind.

Würzburg und Chemnitz, im März 2024
Sanna Pohlmann-Rother und Sarah Désirée Lange

Inhaltsverzeichnis

Vorwort der Herausgeberinnen		5
Einleitung		11
1	**Die Grundschule als gemeinsame grundlegende Schule**	**15**
1.1	Die Grundschule als gemeinsame Schule	15
1.2	Die Grundschule als grundlegende Schule	19
2	**Inklusion in der Grundschule – Vergangenheit und Gegenwart**	**24**
2.1	Die Diskussion um Integration	25
2.2	Die Diskussion um Inklusion	27
2.3	Pädagogik der Vielfalt	29
2.4	Das Ressourcen-Etikettierungs-Dilemma	33
2.5	Inklusion als Trilemma	35
3	**Rechtliche Grundlagen: Behinderung, Förderbedarfe und Beschulungsformen in deutschen Grundschulen**	**40**
3.1	Der Begriff »Behinderung«	40
3.2	Der Begriff »Förderbedarf«	42
3.3	Beschulungs- und Organisationsformen in der inklusiven Grundschule	46

| 4 | **Heterogenität und Inklusion, Forschungsergebnisse** | **49** |

4.1	Heterogenität und Intersektionalität	50
4.2	Einstellungen zu Inklusion	52
4.3	Soziale Eingebundenheit in der Inklusion	54
4.4	Leistungsentwicklung in der Inklusion	56

| 5 | **Bedingungen schulischer Inklusion in der Regel-Grundschule** | **59** |

5.1	Makroebene	60
5.2	Mesoebene	67
5.3	Mikroebene	70

| 6 | **Schulentwicklung in der inklusiven Grundschule** | **75** |

6.1	Entwicklung einer Zielvorstellung	76
6.2	Etablierung einer Steuergruppe	77
6.3	Der Schulentwicklungsprozess	79
6.4	Inklusive Schulräume	82

| 7 | **Unterrichtsentwicklung** | **86** |

7.1	Response to Intervention	87
7.2	Unterrichtsplanung mit inklusionsdidaktischen Netzen	88
7.3	Die Differenzierungsmatrix	91
7.4	Lernleitern	97
7.5	Leistungen beurteilen und Förderung ermöglichen	100

8	**Kooperation in der inklusiven Grundschule**	**107**
8.1	Kooperationspartnerinnen und -partner in der inklusiven Grundschule	109
8.2	Co-Teaching	115
8.3	Stolpersteine und Gelingensbedingungen	118
8.4	Die Studie P-ink	121
9	**Kompetenzen für die inklusive Grundschule im Studium entwickeln – Ein Beispiel für die Gestaltung universitärer Lehre**	**127**
10	**Versuch einer Bilanz und Blick in die Zukunft**	**135**
Literatur		**137**
Danke		**153**

Einleitung

Wenn es um Inklusion im Bildungswesen geht, steht oft wie selbstverständlich der Gedanke im Raum, dass man an der Grundschule schon »ziemlich weit« sei. Die Grundschule mit ihrer heterogenen Schülerinnen- und Schülerschaft scheint für schulische Inklusion prädestiniert zu sein. Im vorliegenden Band der Reihe »Grundschule heute« wird dieses Thema aufgegriffen.

Als Autorin und Mensch verfolge ich dabei einen weiten Inklusionsbegriff, der alle Menschen einschließt. Als Grundschulforscherin muss ich aber feststellen, dass sich Diskussion, Rechtsprechung und schulische Praxis am engen Inklusionsbegriff orientieren, der v.a. Kinder mit Förderbedarf und Behinderung fokussiert. Die UN-Behindertenrechtskonvention (UN-BRK), welche gemeinhin als »Startschuss« der schulischen Inklusion wahrgenommen wird, bezieht sich auf die Rechte von Menschen mit Behinderungen. So wird es auch in der Schule wahrgenommen, es kommen diese Kinder als »neue Gruppe« hinzu, für diese wünscht man Hilfe und Unterstützung. Insofern mäandert der vorliegende Text zwischen den Inklusionsbegriffen, greift auch beide auf, verfolgt aber, dem Gegenstand geschuldet, eher einen engen Inklusionsbegriff.

Ausgehend vom Gedanken der Grundschule als gemeinsamer Schule wird im *ersten Kapitel* bilanziert, wie die »gemeinsame Grundschule« historisch gewachsen ist (▶ Kap. 1). Dabei ist ein wesentliches Bestimmungsmerkmal, auf das auch Jung (2021) in seinem Band zu dieser Reihe hinweist, die »Grundlegende Bildung«. Wie Grundlegende Bildung angesichts sehr heterogener Lernvoraussetzungen gestaltet und verstanden werden kann, ist vielleicht eine der wesentlichsten Überlegungen, die eine Grundschule, die sich als inklusiv versteht, anstellen kann.

Ein historischer Rückblick auf die Inklusion in der Grundschule erwartet die Leserinnen und Leser im *zweiten Kapitel*. Ausgehend von der bekannten Abfolge Exklusion, Separation, Integration, Inklusion, Pädagogik der Vielfalt werden historische Entwicklungen dargelegt und heute noch bestehende Dilemmata (etwa das Ressourcen-Etikettierungs-Dilemma) und das Trilemma der Inklusion aufgezeigt (▶ Kap. 2).

Inklusion ist geltendes Recht. Doch gerade die Rechtsgrundlage ist vielschichtig, angefangen bei Begriffen wie »Förderbedarf«, »Behinderung«, »Teilhabe«. Im *dritten Kapitel* wird versucht, Licht ins Dunkel der Begriffsvielfalt zu bringen. Rechtliche Grundlagen schulischer Inklusion werden aufgezeigt und die momentane Umsetzung in Deutschland dargestellt (▶ Kap. 3).

Dass schulische Inklusion geltendes Recht ist, ist eine Tatsache, die sich aber auch vor den empirischen Daten bewähren muss. Ist es denn sinnvoll, wenn Kinder mit Förderbedarf in die Regelschule gehen – für diese Kinder, für die Kinder ohne Förderbedarf? Die Forschungsergebnisse sprechen hier eine recht eindeutige Sprache pro Inklusion. Im *vierten Kapitel* werden diese dargestellt, ausgehend von einer Begriffsdefinition schulischer Heterogenität und Intersektionalität (▶ Kap. 4).

Die Forschung bestätigt also die Rechtslage. Allerdings ist die Situation an deutschen Grundschulen, unterteilt in Makro-, Meso- und Mikroebene, nicht unbedingt inklusionsfreundlich. Die verschiedenen Organisationsformen und die bundeslandspezifische Ausgestaltung sorgen an manchen Stellen eher für Stagnation. So ist es eigentlich die Makroebene, die für die durchaus vorhandenen Bemühungen und das Engagement auf Meso- und Mikroebene hinderlich ist. In *Kapitel 5* wird dargestellt, welche Bedingungen vorliegen, und die Frage aufgeworfen, ob es nicht zu einem grundsätzlichen Umdenken im Schulsystem kommen müsste (▶ Kap. 5).

Genauer auf die Mesoebene wird in *Kapitel 6* geblickt, in dem die Schulentwicklung in der inklusiven Grundschule betrachtet wird (▶ Kap. 6). Schulentwicklung als geplanter, kleinschrittiger Prozess kann ein Motor hin zur inklusiven Grundschule sein. Wenn es gelingt, eine Vision zu entwickeln, die von möglichst vielen Personen an der Schule geteilt wird, kann der »Nordstern Inklusion« in operationalisierbaren, kleinen Schritten näher rücken. Dazu gibt es viele mutmachende Beispiele im Kleinen und im Großen. Auch im Bereich der Mikroebene, dem Unterricht, wurden in den letzten Jahren sehr inspirierende Konzepte entwickelt, die in *Kapitel 7* veranschaulicht werden (▶ Kap. 7). Inklusionsdidaktische Netze, die Differenzierungsmatrix und Lernleitern sind Beispiele für etablierte Planungshilfen für den inklusiven Klassenunterricht. Response to Intervention als gestuftes Fördersystem kann dabei helfen, Unterricht für alle Schülerinnen und Schüler lernwirksam zu gestalten.

Allerdings lässt sich kaum eine dieser Ideen von einer einzelnen Person allein umsetzen. Es ist wichtig, dass Lehrkräfte im Team arbeiten. *Kapitel 8* bringt einen Überblick über die Vielfalt an Kooperationspartnern, die in der Inklusion zur Verfügung stehen, und stellt gleichzeitig dar, dass die Kooperation in der Intensität und der Autonomie der einzelnen Gruppen jeweils unterschiedlich sein wird (▶ Kap. 8). Es wird darauf hingewiesen, dass stets reflektiert werden sollte, welche Zuständigkeit explizit und implizit vorausgesetzt wird.

Damit eine reflektierende Metaebene eingenommen werden kann, sollte diese bereits im Studium angebahnt werden. Gerade die erste Phase der Lehrkräftebildung dient dem theoriegeleiteten Blick auf die Praxis, wie sie sein könnte, und nicht nur, wie sie bereits ist. *Kapitel 9* stellt exemplarisch ein mögliches Zusatzstudium Inklusion dar. Dieses Studium wird in Bayern durchgeführt, ist aber auf andere Bundesländer übertragbar (▶ Kap. 9). An diesem Beispiel wird deutlich, dass eine inklusive Grundschule auch inklusiv ausgebildete Grundschullehrerinnen und -lehrer benötigt. Der Aufbau von Wissen und Verständnis, die Reflexion von Überzeugungen sowie die Entwicklung von Handlungskompetenzen bezogen auf Inklusion sind im Studium unverzichtbar.

In *Kapitel 10* wird bilanziert, dass v. a. bottom-up einiges im Bereich der inklusiven Grundschule in Bewegung geraten ist (▶ Kap. 10). Trotzdem erscheint Inklusion gefährdet, da in Zeiten von Lehrkräftemangel und dem schlechten Abschneiden der Kinder in Deutschland im IQB-Bildungstrend es schnell die Inklusion ist, die zum einen verantwortlich gemacht und zum zweiten nicht forciert wird. So lässt sich auch fast 15 Jahre nach Ratifizierung der UN-BRK der Erfolg noch nicht bilanzieren, sondern immer noch auf Work in Progress blicken.

1 Die Grundschule als gemeinsame grundlegende Schule

Inklusion ist in der Grundschulpädagogik seit Jahren ein bedeutsames Thema. Schon seit ihrer Gründung in der Weimarer Republik gilt die Grundschule als gemeinsame Schule für alle Kinder, oft wird der § 146 der Weimarer Reichsverfassung von 1919 zitiert: »Auf einer für alle gemeinsamen Grundschule baut sich das mittlere und höhere Schulwesen auf.«

1.1 Die Grundschule als gemeinsame Schule

Die Grundschule wird bei Schorch als erste, gemeinsame, grundlegende und kindgemäße Schule bezeichnet (Schorch, 2007), Jung nennt diese Einteilung »Leitbilder« und untergliedert die Ideen der Grundschule in »Vermittlungsort«, »Ort der Vorbereitung«, »Ort erster Beschulung«, »Ort gemeinsamer Beschulung«, »Ort kindgemäßer Beschulung« und »Ort grundlegender Beschulung« (Jung, 2021). Diese Leitideen und Spezifika der Grundschule berühren die Forderung nach Inklusion und werden auch von dieser berührt. Gerade der Gedanke der ›gemeinsamen Schule‹ zieht von jeher eine hohe Heterogenität der Schülerinnen und Schüler nach sich, die durch inklusive Beschulung erhöht wird. Es lohnt sich, kurz darüber nachzudenken, wie dieser Aspekt der Gemeinsamkeit in der Grundschulgeschichte definiert wurde. Denn dieses Gründungsversprechen der gemeinsamen Grundschule lebt seit 1919 und v. a. in den letzten

Jahrzehnten als Narrativ in der Grundschulpädagogik und wird stets als Begründung und Nachweis dafür herangezogen, dass die Grundschule von vornherein und bis heute als Schule für alle gemeint ist.

Allerdings sind über die mehr als hundert Jahre des Bestehens der Grundschule nicht dieselben Kinder gemeint gewesen, wenn es um »alle Kinder« ging. Götz (2021, S. 11 ff.) bezeichnet deshalb die Geschichtsschreibung zur Grundschule als »Mythenpflege«, in der das Narrativ der gemeinsamen Grundschule für alle stets hochgehalten wurde. Sie belegt dies anhand einschlägiger Publikationen über Grundschulgeschichte aus den letzten Jahren. Dabei war die Grundschule, wie Götz nachweist, nie eine Schule für alle. Neben der Möglichkeit zur Separierung nach Konfessionen gab es von Anfang an einen Ausschluss von Kindern nichtdeutscher Sprache oder nichtdeutscher Herkunft, nämlich der Minderheitengruppen mit deutscher Staatsangehörigkeit, aber nichtdeutscher Erstsprache (Sorben, Dänen, Polen), welche eigene Schulen einrichten konnten (Götz, 2021; Krüger-Potratz, 2019). Die Separierung nach sozioökonomischen Gesichtspunkten stellt Götz für diejenigen Regionen fest, die am Modell der meist schulgeldpflichtigen Vorschulen als auf das Gymnasium vorbereitende Schulen festhielten, obwohl diese mit dem Weimarer Reichsgrundschulgesetz vom 28. April 1920 aufgehoben wurden. Neuere Separationen nach sozioökonomischem Hintergrund machen sowohl Götz als auch Helbig (2021) aus. Helbigs Text heißt »(K)eine Schule für alle. Warum Grundschulen immer ungleicher werden« (Helbig, 2021, S. 25). Es zeigen sich sozialräumliche Unterschiede zwischen Schulbezirken und den dortigen Grundschulen ebenso wie die Tendenz, Privatschulen zu wählen, was beides zu einer deutlichen sozioökonomischen Heterogenisierung der Schulen untereinander und einer sozialen Homogenisierung der einzelnen Schulen in sich führt. Soziale Durchmischung an der Schule für alle wird erschwert.

Und schließlich gibt es noch die von Götz (2021, S. 20) so genannte »Separierung der Kinder nach dem Grad ihrer Bildungsfähigkeit«, die sie als die historisch langlebigste Aussonderungsstrategie wahrnimmt. Seit Gründung der Grundschule gab es separate Einrichtungen für Kinder mit Behinderungen. Man muss allerdings konstatieren, dass diese Separation nicht das Interesse hatte, die Kinder von Bildung fernzuhalten. Wie Ellger-Rüttgardt (2016, S. 18 ff.) feststellt, wird die Diskussion um Bildsamkeit von Kindern mit Behinderungen und ihre zugehörige institutionelle Eingliederung stets in einem »Spannungsfeld von Separation und Inklusion« geführt. Ideen zur Bildung von Sinnes- und Körperbehinderten aus niedrigeren Schichten wurden ab der europäischen Aufklärung besonders in Preußen unter dem Leiter der »Sektion des Kultus und des öffentlichen Unterrichts« Wilhelm von Humboldt angestoßen (Ellger-Rüttgardt, 2016). Auch in Wien oder in Frankreich wurden integrative Ideen propagiert, nämlich die eines Elementarschulwesens, das Kinder mit eingeschränktem Hör- oder Sehvermögen integrierte. Diese Versuche scheiterten, und es entwickelte sich in der Konsequenz ein Sonderschul- bzw. Hilfsschulwesen, das ursprünglich den emanzipatorischen Anspruch hatte, behinderte Kinder zu fördern und gesellschaftlich zu integrieren. 1898 wurde der Verband der Hilfsschulen Deutschlands gegründet. Kinder mit Behinderungen, v. a. Lernbehinderungen und geistigen Behinderungen, wurden in Hilfsschulen unterrichtet, die sich mit dem Weimarer Grundschulgesetz eher noch ausbreiteten (Ellger-Rüttgardt, 2016; Götz, 2021).

Das Reichsschulpflichtgesetz von 1938 legte die Grundlage für das vielgestaltete Sonderschulwesen, es führte die Abspaltung der Hilfsschule von der Volksschule und die Bezeichnung »Sonderschule« ein. Es gab also auch im dritten Reich Sonderschulen (Hänsel, 2019). Doch bei Kindern mit geistiger Behinderung wurde die Bildungsfähigkeit grundsätzlich in Frage gestellt. Gerade Menschen mit geistiger Behinderung waren existenziell bedroht. So führte zum einen das »Gesetz zur Verhütung erbkranken Nachwuchses« von 1933 zu Zwangssterilisierungen (Textor, 2018). Zum anderen wurden hunderttausende »Euthanasie-Mordopfer« als lebensunwertes Leben eingestuft und getötet, darunter psychisch Kranke und Menschen mit geistigen Behinderungen. Nach 1945 wurde das desolate Sonderschulwesen ausgebaut. 1965 trat beispielsweise in Bayern das Sonderschulgesetz (»Gesetz über die Errichtung und den Betrieb von

Sonderschulen«) in Kraft, welches neun Arten von Einrichtungen auswies: Schulen für Blinde, Gehörlose, Körperbehinderte, Sehbehinderte, Schwerhörige, Sprachbehinderte, Lernbehinderte (bisherige Hilfsschule), geistig Behinderte, Erziehungsschwierige.

Die Spezialisierung und Professionalisierung des Sonderschulwesens entsprachen auch dem Wunsch der Eltern, damit den Bedürfnissen der Kinder begegnet werden konnte und eine Förderung ermöglicht wurde. Eine Schulpflicht für Kinder mit schwerer Behinderung gab es in Westdeutschland erst ab den 1970er Jahren. In der DDR wurden im »Schulpflichtgesetz« von 1950 geistig behinderte Kinder genannt, für die es aber Ausnahmen von der Schulpflicht gab (Barsch, 2013).

Bei den Bemühungen um Integration, die ebenfalls in den 1970er Jahren begannen, wurden auch Kinder mit geistiger Behinderung immer mitgedacht. Besonders verstärkt wurden diese Bemühungen durch die Empfehlung des deutschen Bildungsrates von 1973 unter der Leitung von Jakob Muth zur »pädagogischen Förderung behinderter und nicht behinderter Kinder« (Deutscher Bildungsrat, 1979). Eine flächendeckende Umsetzung integrativer Beschulung hatte diese Empfehlung jedoch nicht zur Folge. Es ist anzunehmen, dass erst durch die rechtsverbindliche UN-Behindertenrechtskonvention (UN-BRK) aus dem Jahr 2008 und dem damit einhergehenden Recht auf Inklusion die Grundschule tatsächlich auf dem Weg ist, eine gemeinsame Schule für alle zu werden. Mit Blick auf die oben bereits aufgezeigten Homogenisierungstendenzen (z. B. der sozialräumlichen Entmischung von Stadtteilen und Grundschulen oder der Tendenz, Privatschulen zu wählen) wird diese Entwicklung bereits wieder konterkariert. Zudem besteht in einzelnen Bundesländern der Ressourcenvorbehalt. Schulen müssen bestimmte Kinder nicht aufnehmen, wenn die räumlichen und sächlichen Voraussetzungen dafür nicht gegeben sind.

1.2 Die Grundschule als grundlegende Schule

Wie kann man Inklusion unter dem Aspekt der ›gemeinsamen Grundschule‹ verstehen und wie wirkt sich eine ernst genommene ›Gemeinsamkeit‹ auf die Leitideen der Grundschulpädagogik aus?

Die Idee der *Grund*schule als »grundlegend« (Jung, 2021; Schorch, 2007) geht ebenfalls auf die Weimarer Republik zurück. Die Ideen dazu sind, wie etwa Schorch (2007) ausführt, bereits auf Comenius (1592–1670) zurückzuführen, dessen berühmter Leitgedanke »Omnes Omnia Omnino«, dass alle alles allumfassend lernen sollen, genau dies ausdrückt.

Rechtlich erstmals grundgelegt wurden diese Ideen in den »Richtlinien zur Aufstellung von Lehrplänen für die Grundschule« von 1921 und dem »Erlaß des Reichsministers des Inneren über die Zielbestimmung und innere Gestaltung der Grundschule« vom 28.4. 1923, wonach die Grundschule eine »Stätte grundlegender Bildung« (Rodehüser, 1987) ist. Bereits damals ging es um eine »Entfaltung der kindlichen Kräfte«, aber auch um die Grundlegung »für jede weiterführende Bildung« (ebd.). Diese Idee der grundlegenden Bildung hat sich bis heute gehalten. Einsiedler (2014) stellt vier »Grundlegungsaufgaben« vor: »Gemeinsame Bildung für alle«, »Gemeinsamer Grundstock«, »Beginn der Allgemeinbildung« und »Stärkung der Persönlichkeit«. Der Begriff der »Bildung« im Kontext der grundlegenden Bildung ist unterschiedlichen Traditionen verpflichtet, etwa der humboldtschen Bildungskonzeption und der geisteswissenschaftlichen Pädagogik. Einflussreich in der Grundschulpädagogik waren Klafkis Idee der kategorialen Bildung von 1959, Ilse Lichtenstein-Rothers Idee (1982), dass die Grundschule keine Vorstufe der eigentlichen Bildung sei, sondern in ihr bereits bildende Prozesse stattfänden, und Einsiedlers Systematisierung der vier Grundlegungsaufgaben (vgl. Einsiedler, 2014).

Wie ist aber dieser Begriff der grundlegenden Bildung vor dem Hintergrund und im Kontext der Idee der Inklusion zu verstehen? Das Recht auf Bildung ist ein Menschenrecht und genau um diesen Begriff ranken sich auch die Inklusionsdiskussionen nach Ratifizierung der UN-Behindertenrechtskonvention. Bildung stellt ein Recht dar, das jedem Menschen in hoher Qualität und ohne Diskriminierung zusteht. Es zeigte sich gerade in Deutschland, so der Bericht des UN-Sonderberichterstatters für das Menschenrecht auf Bildung Muñoz von 2006, dass Kinder mit Behinderungen oder mit Migrationshintergrund[1] von schulischer Segregation und Diskriminierung betroffen waren (Sauter, 2016).

Wie können die »Grundlegungsaufgaben« nach Einsiedler mit der Idee der Inklusion vereinbart werden? Die Definition eines gemeinsamen Grundstocks an Bildungsinhalten und Kompetenzen war immer schon Gegenstand grundschulpädagogischer Diskussionen. Es dominierte lange Zeit die Vorstellung einer gemeinsamen Basis, von der aus individuell weitergegangen werden kann. Metaphorisch wurde von einem Fundament, auf welchem weiter aufgebaut werden kann, oder auch einem Stamm, welcher sich zunehmend verzweigt, gesprochen (Einsiedler, 2014). Es gibt diesbezüglich auch bildungspolitische Grundlagen, etwa die Bildungsstandards für den Primarbereich (Jahrgangsstufe 4) in den Fächern Deutsch und Mathematik, die sich explizit auf die grundlegende Bildung beziehen (KMK, 2004). Für Schülerinnen und Schüler mit besonderem Förderbedarf (Förderschwerpunkte Lernen und geistige Entwicklung) in der Inklusion stellt sich dann die Situation so dar, dass diese lernzieldifferent unterrichtet werden können. Empfohlen wird die Orientierung an den Lehrplänen für die Förderschwerpunkte Lernen bzw. geistige Entwicklung. Dass aber Bildung nicht nur die Vermittlung formaler Qualifikationen in den Kulturtechniken beinhaltet, sondern auch die

---

1 Muñoz verwendet den Begriff »migrant background« (https://digitallibrary.un.org/record/595224), welcher in der Regel Personen bezeichnet, die entweder selbst nicht mit deutscher Staatsangehörigkeit geboren wurden oder bei denen dies auf mindestens ein Elternteil zutrifft. Dieser Begriff, der den ebenfalls umstrittenen Begriff »Ausländerin/Ausländer« ablöste, ist nicht unumstritten, da er als stigmatisierend betrachtet wird und den vielfältigen Lebensrealitäten der Menschen, die er betrifft, nicht gerecht wird.

Herausbildung und Förderung von Persönlichkeit, Interesse, Sinnhaftigkeit umfasst, wird in der Diskussion um Fundamentum, Additum, Lernzielgleichheit und -differenz nicht immer berücksichtigt. Bildung als Menschenrecht erfordert den Gedanken der Lehrkraft an jedes Kind ihrer Klasse: Wie kann dieses Kind notwendige Kompetenzen und Qualifikationen erwerben, Wissen konstruieren, seine Persönlichkeit ausbilden und sich als sinnhaft in der Welt erfahren? Dass hier die Definition der grundlegenden Bildung geöffnet werden sollte, erscheint naheliegend.

Im Übrigen kann auch der Begriff des Grundlegenden angesichts des Gedankens der Inklusion in Frage gestellt werden. Denn wie wird geklärt, wann die Grundlage gegeben ist? Wer definiert die Grundlage? Jung (2021) weist darauf hin, dass die Baustellenmetaphorik der »Grundlegenden Bildung« nicht immer ganz glücklich sei, da sie etwas Fixiertes und Abgrenzendes habe. Zudem bemisst sich die Bedeutung des Fundaments immer erst nach dem, was darauf gebaut wird. »Das reine Fundament ist zunächst einmal nutzlos und lässt kaum erkennen, ob darüber nun ein Hörsaal oder eine Kaserne errichtet werden soll« (Jung, 2021, S. 58). Allerdings kann man dem entgegenhalten, dass ein schwaches Fundament für überhaupt kein Bauwerk geeignet ist. Gerade die Basis sollte stabil sein, egal was darauf »gebaut« wird. Insofern lässt sich als Auftrag für eine inklusive Grundschule festhalten, dass das Grundlegende für jedes Kind zu definieren ist. Auf keinen Fall darf es dazu kommen, dass die Bildsamkeit einzelner Kinder unterschwellig in Frage gestellt wird, und diese in der Grundschule einfach mitlaufen, weil es keine Idee davon gibt, wie grundlegende Bildung für diese Kinder aussehen kann. Vielleicht wäre es eine Lösung, sich ganz von der Idee des Gebäudes zu lösen und andere Bilder für die grundlegende Bildung in der inklusiven Grundschule zu bemühen. Vorstellbar wäre eine Bildungslandkarte, die von Geburt an bereist wird und in der die Grundschule eine wichtige Station darstellt.

Rein rechtlich geben die »Leitsätze zum Beschluss des Ersten Senats vom 19. November 2021« des Bundesverfassungsgerichts hier eine klare Vorgabe:

1 Die Grundschule als gemeinsame grundlegende Schule

> »Das Recht auf schulische Bildung umfasst verschiedene Gewährleistungsdimensionen:
>
> Es vermittelt den Kindern und Jugendlichen einen Anspruch auf Einhaltung eines für ihre chancengleiche Entwicklung zu eigenverantwortlichen Persönlichkeiten unverzichtbaren Mindeststandards von Bildungsangeboten, enthält jedoch keinen originären Leistungsanspruch auf eine bestimmte Gestaltung staatlicher Schulen.
>
> Aus dem Recht auf schulische Bildung folgt zudem ein Recht auf gleichen Zugang zu staatlichen Bildungsangeboten im Rahmen des vorhandenen Schulsystems.«

Diese Leitsätze sind als Reaktion auf die Verfassungsbeschwerden gegen die Schutzmaßnahmen der Corona-Pandemie (Schulschließungen) formuliert worden. Sie drücken das Recht aller Kinder und Jugendlichen auf Chancengleichheit, Mindeststandards und ein Recht auf schulische Bildung, somit auf grundlegende Bildung, aus. Die Operationalisierung dieser Mindeststandards ist aber noch zu leisten.

Die Grundschule ist aufgrund ihres Anspruchs, eine gemeinsame Schule für alle Kinder zu sein, dem Ziel der Inklusion besonders verpflichtet. Auch wenn mit diesem Gemeinschaftsbegriff zunächst ignoriert wurde, dass Kinder mit Förderbedarf ausgespart blieben und es zum Teil auch bis heute bleiben, rückte doch die juristisch ausgelöste Reformdebatte um die UN-BRK von 2009 die Inklusion als Aufgabe in den Mittelpunkt der Grundschulen. Und – das kann man feststellen – Grundschulen nehmen diese Aufgabe an, wenn auch in den Bundesländern durchaus unterschiedlich.

Wichtiges auf einen Blick

- 1919 wurde die deutsche Grundschule in der Weimarer Republik als »eine für alle gemeinsame Grundschule« gegründet.
- Verschiedene Gruppen, u. a. Kinder mit Förderbedarf, waren aber von vornherein nicht integriert.
- Dies ändert sich als Auftrag für Kinder mit Behinderungen erst flächendeckend mit der Ratifizierung der UN-Behindertenrechtskonvention 2009.

1.2 Die Grundschule als grundlegende Schule

- Die Umgestaltung der Grundschule zur gemeinsamen Grundschule hat auch Auswirkungen auf die Idee der grundlegenden Bildung.

Reflexionsaufgaben

1. Woran erkennen Sie, dass die Grundschule eine Schule für alle ist?
2. Welche Kennzeichen sollte Ihr Unterricht aufweisen, um inklusiv zu sein?
3. Was an Ihren Unterrichtsinhalten ist Ihrer Meinung nach »grundlegend«?

2 Inklusion in der Grundschule – Vergangenheit und Gegenwart

Wenn man sich mit dem Verlauf der Entwicklung von Inklusion beschäftigt, findet man häufig eine Darstellung, in der anhand von Punktebildern eine Entwicklung gezeigt wird: von der Exklusion über Separation/Segregation, Integration, Inklusion hin zu einer Pädagogik, die Vielfalt als Normalfall ansieht (Quante, 2021). Diese Phasen gehen v.a. von der Teilhabe der Menschen mit Behinderung aus, können aber eigentlich in ihrer Abfolge auf andere marginalisierte Gruppen übertragen werden. Es soll aber erwähnt sein, dass diese Punktebilder ein sehr vereinfachtes Verständnis zeigen, das zudem bezogen auf Menschen verschiedener Merkmalszuweisungen und verschiedener Teilhabebereiche (Staat, Kommune...) ganz anders aussehen würde (Lindemann, 2018). Daher wird an dieser Stelle auf eine solche Abbildung verzichtet.

Lindemann (2018) verweist zudem darauf, dass als sechste Form die Habilitation und Rehabilitation (eine zeitweilige Segregation mit anschließender ReIntegration) fehlt. Außerdem haben je nach Kontext alle Formen eine gewisse Berechtigung. Separation kann als eine temporäre Abgrenzung sinnvoll sein (als Beispiele nennt Lindemann, 2018 u.a. einen Spielplatz für Kinder oder Gebetshäuser für spezifische Religionen), auch Exklusionsmechanismen, wie etwa Jugendschutzgesetze, haben an vielen Stellen ihre Berechtigungen.

Dennoch zeigt diese zeitliche Abfolge bezogen auf schulische Inklusion von Menschen mit Behinderungen einen gewissen Wandel der Einstellungen und des Systems. Nach einer Zeit, in der Menschen mit Behinderungen komplett von gesellschaftlichen Einrichtungen und damit auch vom Bildungssystem ausgeschlossen waren (Exklusion), gab und gibt es eine separierte Beschulung. Wie schon erwähnt, waren diese schulischen Sondereinrichtungen zu ihrer Zeit ein Fortschritt, weil sie zum ersten Mal Kindern mit Behinderungen die Möglichkeit des Schulbesuchs eröffneten. Der Ausbau des Sonderschulwesens führte zudem dazu, dass sich das Fach »Sonder(schul)pädagogik« an Universitäten und pädagogischen Hochschulen etablierte.

2.1 Die Diskussion um Integration

Den Beginn der Phase der Integration kann man in Westdeutschland ungefähr in die 1970er Jahre datieren. In der DDR wurde die integrative Idee hingegen von offizieller Seite abgelehnt und konnte sich erst nach der Wende etablieren. Freiburg (1990) zitiert das Ergebnis der IV. Internationalen Konferenz zur Defektologie, in der Sonderpädagoginnen und -pädagogen aus sozialistischen Staaten und der sogenannten »Dritten Welt« tagten: Das Integrationskonzept habe »Klassencharakter, weil es die dem Kapitalismus weseneigene Benachteiligung von Schwachen und Randgruppen« kaschiere (ebd., S. 343). Insofern wurde in der DDR keine Diskussion »Sonderbeschulung« versus »Integration« geführt, da die Sonderbeschulung als fördernd und als spezielles Element im Gesamtsystem gewertet wurde (ebd., S. 344). Es gab also aufgrund staatlicher Kontrolle bis zur Wende keinen Diskurs von Eltern, Lehrkräften oder Wissenschaftlerinnen und Wissenschaftlern zu Integration, wie es ihn in der BRD gab (Geiling & Simon, 2022).

Die Idee der Integration geht bei den meisten Autorinnen und Autoren von zwei Gruppen aus: Eine definierte kleinere Gruppe soll in eine Großgruppe eingegliedert werden (Hinz, 2011; Quante, 2021). Diese Gruppe wird als anders, in sich aber auch als scheinbar homogen, wahrgenommen (»Menschen mit Behinderungen«, »Menschen mit Migrationshintergrund«). Es liegt also eine Zwei-Gruppen-Theorie zugrunde.

Aus Sicht verschiedener Inklusionsvertreterinnen und -vertreter, die Inklusion als eine Weiterentwicklung und Optimierung von Integration verstehen (z.B. Hinz 2002), wird diese Idee der Integration in Frage gestellt, da sie Assimilation und Anpassung einer Gruppe an die andere Mehrheitsgruppe erfordert. Man muss aber auch hier sagen, dass Integration im Schulsystem, speziell auch im Grundschulsystem, zunächst ein enormer Fortschritt war und großes pädagogisches Ethos und Engagement mit sich brachte. 1970 berief die Bildungskommission des Deutschen Bildungsrats einen Fachausschuss »Sonderpädagogik« unter dem Vorsitz von Jakob Muth ein, der damals Schulpädagogikprofessor an der Ruhr-Universität Bochum war. Von diesem Ausschuss wurden 1973 die Empfehlungen »Zur pädagogischen Förderung behinderter und von Behinderung bedrohter Kinder und Jugendlicher« verabschiedet, die als erstes offizielles Dokument der BRD die gemeinsame Beschulung von Kindern mit und ohne Behinderung empfahlen (Eberwein, 1998). Man kann konstatieren, dass aus heutiger Sicht diese Empfehlungen eine gewisse Erfolgsgeschichte markieren, damals aber nicht der Mehrheitsmeinung entsprachen. Zu Beginn waren die integrativen Schulversuche vom Engagement einzelner Protagonisten abhängig: Schulen, Lehrkräfte, Elternverbände.

Seit den 1980er Jahren gab es vermehrt systematische Untersuchungen, etwa wissenschaftlich begleitete Modellversuche in Schulen, die positive Wirkungen der Integration belegten (Heimlich, 2016). Andere Länder, wie beispielsweise Italien (Enders, 2013), machten sich auf den Weg und dienten als Vorbilder für schulische Umsetzungsmöglichkeiten. Nicht zuletzt entstanden in den 1980er Jahren große Bürgerrechtsbewegungen, zu denen auch die »Krüppelbewegung« zählte (Jantzen, 1997; Schönwiese, 2016), welche sich für Selbstbestimmung von Menschen mit Behinderung einsetzten. Ein weiterer Meilenstein auf dem Weg zu einem integrativen Schulsystem war die Salamanca-Erklärung von 1994, die schon in den ersten Sätzen auf Folgendes hinweist: »Diese Dokumente sind getragen vom Prinzip der Integration, von der Erkenntnis, dass es notwendig ist, auf eine ›Schule für alle‹ hinzuarbeiten.« (UNESCO, 1994). Bundesgesetze wie das »Allgemeine Gleichbehandlungsgesetz« von 1994 und das »Behindertengleichstellungsgesetz« von 2002 folgten. Die Grundschule machte sich als »Integrationsschule« sehr früh auf den Weg, durchaus auch staatlich gestützt, wenn auch immer unter dem Zwei-Gruppen-Gedanken: Es gab schon vor der Ratifizierung der UN-BRK Kooperationsklassen von Förderschulen und Regelschulen oder mobile sonderpädagogische Dienste zur Unterstützung von Regelschulen (Schorch, 2007). Viele Grundschulen waren jahrzehntelang wie selbstverständlich im Bereich der »grauen Integration« engagiert. Damit ist gemeint, dass sie Kinder mit Behinderungen einfach aufnahmen, ohne entsprechende Unterstützung zu erhalten. Es gibt viele Erfolgsgeschichten engagierter Lehrkräfte und ihrer Kinder (eindrucksvoll zusammengefasst in Thoma & Rehle, 2009). Aber diese Einzelfälle und die enormen Mühen und Anstrengungen aller Beteiligten zeigen auch, dass es eben nicht »normal« üblich war, integrativ zu unterrichten. Das Schulsystem blieb weitgehend einer selektiven Logik verhaftet (Thoma, 2009).

2.2 Die Diskussion um Inklusion

Der Begriff »Inklusion« und das zugehörige Konzept kamen mit der Ratifizierung der UN-BRK 2009 endgültig in die deutschsprachige Diskussion. In englischsprachigen Dokumenten war auch vorher schon von »inclusion« die Rede. So beginnt oben genanntes Zitat aus der Salamanca-Erklärung von 1994 im Original mit dem Satz: »These documents are informed by the principle of inclusion« – im Deutschen übersetzt mit »Integration«. Auch in der deutschen Übersetzung der UN-BRK wird von »Integration« anstatt von »Inklusion« gesprochen. So lautet der auf Bildung bezogene Artikel 24 der UN-BRK im Original: »With a view to realizing this right without discrimination and on the basis of equal opportunity, States Parties shall ensure an inclusive education system at all levels [...]«, wobei in der deutschen Übersetzung von einem »integrativen Bildungssystem« gesprochen wird (Deutsches Institut für Menschenrechte, 2009). Gegen diese Übersetzung regte sich im Jahr 2009 Widerstand, da der Begriff der Inklusion in der deutschen Diskussion mit der Idee der unteilbaren Gruppe verbunden wird und sich somit vom Begriff der Integration unterscheidet. Es soll nicht eine Gruppe in eine andere integriert werden, sondern alle Kinder sollen ohne Aussonderung in der gemeinsamen Schule unterrichtet werden, welche wiederum entsprechende Ressourcen erhält (Hinz, 2002; Quante, 2021). In der UN-BRK wird das Konstrukt »inclusive educational system« nicht so umfassend bezogen auf alle Kinder definiert, denn der Text geht von der Gruppe der Menschen mit Behinderungen aus, wie schon der Titel »Behindertenrechtskonvention« zeigt. Es wird aber ausgesagt, dass Kinder mit Behinderungen nicht vom allgemeinen Bildungssystem oder aufgrund der Behinderung nicht vom unentgeltlichen und obligatorischen Grundschulunterricht ausgeschlossen werden dürfen (Deutsches Institut für Menschenrechte, 2009). Ob nun Sonderschulen auch Teil des allgemeinen Bildungssystems sind und somit das deutsche System bereits inklusiv ist, da es den Kindern mit Behinderung grundsätzlich Bildung ermöglicht, im Gegensatz zu anderen Staaten, und zudem dem Gedanken der Förderung stärker verhaftet ist – das ist seitdem Gegenstand von Betrachtungen und Diskussionen. In der UN-BRK gibt es durchaus auch Paragraphen, die eine vorübergehende Separierung zu rechtfertigen scheinen, etwa § 5 Abs. 4: »Besondere Maßnahmen, die zur Beschleunigung oder Herbeiführung der tatsächlichen Gleichberechtigung von Menschen mit Behinderungen erforderlich sind, gelten nicht als Diskriminierung im Sinne dieses Übereinkommens« (Vereinte Nationen, 2008).

Faktisch gibt es in Deutschland nun zwei Systeme, die nebeneinanderlaufen: Ein Förderschulsystem und ein (inklusives) Regelschulsystem. Das ist teuer und international ungewöhnlich (tatsächlich besuchten beispielsweise in Kanada, England, Finnland, Frankreich, den Niederlanden und Schweden bereits vor 2009 nur sehr wenige Schülerinnen und Schüler Sonderschulen (Bundesministerium für Bildung und Forschung [BMBF], 2007). Zudem stellt die Existenz zweier paralleler Systeme Erziehungsberechtigte immer wieder vor die Wahl, eine passende Schule für ihr Kind zu suchen (und nicht die Schule vor die Aufgabe, sich den Kindern, die sie besuchen, zu öffnen). Es ist erkennbar, dass sich die deutsche Bildungspolitik um Inklusion bemüht, aber Inklusion nicht im Sinn der Idee einer unteilbaren Gruppe in der Praxis durchgängig umsetzt (Hollenbach-Biele et al., 2020).

In der Diskussion um den Begriff der Inklusion wird zwischen einem engen und einem weiten Inklusionsbegriff unterschieden (vgl. Rank & Frey, 2021). Nicht zuletzt, weil die Diskussion um Inklusion an der UN-BRK entbrannt ist, wird der deutsche Diskurs v. a. auf (bildungs-)politischer Ebene um den sogenannten »engen Inklusionsbegriff« geführt, also die Inklusion von Menschen mit Behinderungen. Ein »weiter Inklusionsbegriff« hingegen verlässt derartige Unterscheidungsmerkmale. Hier sollen Heterogenität und Differenz insgesamt wahrgenommen und das pädagogische Handeln soll an den verschiedenen Differenzlinien wie Förderbedarf, Fluchterfahrung, Armut ausgerichtet werden (Quante, 2021). Besonders vulnerable Gruppen werden speziell in den Blick genommen, um ihnen bestmögliche Bildungschancen zukommen zu lassen.

2.3 Pädagogik der Vielfalt

Insgesamt geht es hier also um eine »Pädagogik der Vielfalt« (Prengel, 2018). »Pädagogik der Vielfalt« ist ein Sammelbegriff für verschiedene Strömungen, denen die Anerkennung heterogener Lebens- und Lernweisen als gleichberechtigt gemeinsam ist und die sich an den menschenrechtlichen Prinzipien der universellen Gleichheit, Freiheit und Solidarität aller Menschen ausrichten. Somit, so Prengel (2018, S. 35), sind »Pädagogik der Vielfalt«, »Diversity Education« und

»inklusive Pädagogik« bedeutungsgleich. Die Pädagogik der Vielfalt zeigt die Grenzen des modernen demokratischen Bildungsprinzips auf, das sich seit der Weimarer Grundschule entwickelt hat. In dieser Bildungsidee sollte die Möglichkeit der Leistungserbringung unabhängig von Geburt und Stand mit Aufstiegschancen für alle gegeben sein. Die Pädagogik der Vielfalt verweist auf die Schwächen dieses demokratischen Bildungsmodells, die sich in der Umsetzung manifestieren, v. a. auf die Tatsache, dass es Verliererinnen und Verlierer produziert. Solange die Integration unter der Logik des Wettbewerbs stattfindet, wird immer ein Teil der Schülerinnen und Schüler systematisch entwertet. Die Pädagogik der Vielfalt fokussiert auf die Anerkennung aller Lern- und Lebensformen und stellt einen inklusiven Denkansatz dar.

In der postulierten Praxis (Prengel, 2018) unterscheiden sich die Ideen nicht radikal von den Ideen inklusiver Pädagogik anderer Autorinnen und Autoren: Die Kinder werden wohnortnah in ihre Kindertagesstätte oder Grundschule aufgenommen, in der Ressourcen genutzt werden und das Wohlbefinden aller ein Anliegen ist (Hinz, 2002). Multiprofessionelle Teams arbeiten in den Schulen zusammen, die durch weitere Expertinnen und Experten sowie durch Inter- und Supervision unterstützt werden. Jede Person und jedes Verhalten werden geachtet. Auch herausfordernd wirkende Verhaltensweisen werden immer als individuell sinnvoll betrachtet. Didaktisch bedeutet das, dass es ein individualisierungsfähiges Kerncurriculum gibt. Dieses soll »die Schwächen eindimensionaler Minimal- oder Regelstandards« (Prengel, 2018, S. 46) überwinden, indem es gestuft wird. Lernende aller Heterogenitätsfacetten können mit Unterstützung von Kompetenzrastern und Materialien in einem adaptiven, differenzierenden Unterricht lernen. Als Zielvorstellung wird für jedes Kind die »Zone der nächsten Entwicklung« (Vygotskij, 1987) in den Blick genommen, welche an der individuellen Lernausgangslage der Kinder ansetzt. Zudem orientiert sich der Unterricht an den vielfältigen Themen der Kinder. Finanziell und bildungspolitisch ist das Ziel, dass das inklusive Bildungssystem mit Ressourcen ausgestattet wird. Die sonderpädagogischen Institutionen sollen nicht

2.3 Pädagogik der Vielfalt

eingespart, sondern mit den Regelinstitutionen zusammengeführt werden (Prengel, 2018).

Prengel selbst würdigt die »Integrationspädagogik«, da sie tatsächlich eine Schule für alle Kinder ermöglicht, die dem Blick auf individuelle Besonderheiten genauso verpflichtet ist wie dem Blick auf die Gemeinsamkeit (Prengel, 2019). Allerdings, so Prengel, beachtet die Integrationspädagogik nicht, dass es auch eine kollektive Heterogenität gibt, also dass es wichtig ist, Menschen mit ähnlichen Lebenserfahrungen zu kennen. Wenn immer nur wenige Kinder mit unterschiedlichen Heterogenitätsmerkmalen in einer Klasse sind, wird das nicht möglich. Laut Prengel (2019, S. 197) hat in der Pädagogik der Vielfalt »neben der Anerkennung der Verschiedenheit zwischen Einzelnen auch die Anerkennung kollektiver Verschiedenheit zwischen Gruppen Platz«, um das »Wiedererkennen im Anderen« zu ermöglichen. Allerdings dürfen diese homogenen Untergruppen nicht zu Separation führen. Vermutlich existiert neben allen anderen Dilemmata der Inklusion auch ein Vereinzelungs-Gemeinschafts-Dilemma.

Die Geisteshaltung der Pädagogik der Vielfalt beschreibt Prengel (2019, S. 194) unter Bezugnahme auf Michael Lukas Moeller mit dem Prinzip »Ich bin nicht Du und ich weiß Dich nicht« (Moeller, 2008). Dieses Prinzip beschreibt Selbst- und Fremdachtung, aber auch den Wunsch, den anderen kennenzulernen. Aus dieser Offenheit heraus verbieten sich einfache Definitionen oder Leitbilder für Kinder (Prengel, 2019). Es steht immer die individuelle (und auch die kollektive) Biografie mit ihren Bedingungen im Mittelpunkt. Die Kinder werden in ihrem Weg unterstützt, ohne dass definiert wird, wie sie sind oder zu sein haben. Selbstachtung und Achtung für andere gilt natürlich auch für die Lehrkräfte, die Unterstützung erhalten. Wichtig ist, sich stets zu reflektieren, um den Widersprüchen, die mit dem Anspruch der Pädagogik der Vielfalt verbunden sind, zu begegnen.

»Eine dieser widersprüchlichen Fragen heißt: Wie können wir, die verschiedenen Pädagoginnen und Pädagogen, die verschiedenen Kinder und Jugendlichen, die Weisheit des alten chassidischen Satzes ›In jedermann ist etwas kostbares, das in keinem anderen ist‹ verstehen lernen und begreifen, daß gerade so Gemeinsamkeit entstehen kann?« (Prengel, 2019).

Eine so verstandene Pädagogik der Vielfalt, in der jeder Mensch in seiner Geschichte angesprochen wird, würde einige der Dilemmata des inklusiven Schulsystems lösen. Denn ein Problem der Akzeptanz von Vielfalt stellt dar, dass sie auch mit einer Dekategorisierung einhergehen kann, die antiemanzipatorisch ist, weil sie Unterschiede und somit auch Diskriminierung verschleiert (Boger, 2021).

Allerdings wird in der Regel eher in der schulischen Praxis, aber auch in der Bildungspolitik das Problem der Kategorisierung thematisiert. Vielfach ist es im Schulsystem nötig, Kategorien zu verwenden, oder es wird als unverzichtbar angesehen. Eines der am meisten diskutierten Dilemmata des inklusiven Schulsystems ist das »Ressourcen-Etikettierungs-Dilemma« (Füssel et al., 1993). Grundsätzlich ist Heterogenität jeder Gruppe zu eigen. Aber im schulischen Heterogenitätsdiskurs werden v. a. die Merkmale betont, die als abweichend von einer stillschweigend vorausgesetzten Normalität empfunden werden. Fokussiert werden Merkmale, die der Lehrkraft Mühe bereiten, weil sie die Lern- und Leistungsbedingungen von Kindern beeinflussen, also Mehrsprachigkeit, Förderbedarf, sozioökonomischer Hintergrund, Fluchterfahrung usw. Es geht um Kategorisierungen, die leicht zu Stereotypisierungen führen können. Allerdings sind diese »Etiketten« im politischen System oftmals nötig, um finanzielle und personelle Ressourcen zu erhalten. Sie sind auch als Grundlage von Differenzierung und Förderung nötig. Lehrkräfte müssen über die Lernwege und Zugänge der Kinder Bescheid wissen, um entsprechende Angebote machen zu können. Hier haben wir also ein scheinbar unauflösliches Dilemma: Die Kinder werden »etikettiert«, mit allen Konsequenzen, die dies mit sich bringt, und auch bei allen Unschärfen, wie sie sich exemplarisch am Beispiel des sonderpädagogischen Förderbedarfs zeigen. Zur Feststellung dieses Förderbedarfs werden offensichtlich verschiedene Kriterien angelegt, denn je nach Land oder Bundesland schwankt die Quote der so gelabelten Schülerinnen und Schüler erheblich (Schwab, 2018).

2.4 Das Ressourcen-Etikettierungs-Dilemma

Andererseits sind diese Label nötig für den Erhalt von Ressourcen (etwa für zusätzliche Lehrkraftstunden), um z. b. über Schülerinnen und Schüler mit anderen Pädagoginnen und Pädagogen zu sprechen und um eigene Differenzierungsmaßnahmen zu planen. Die mit dem Labeling verbundene Gefahr ist die der Reduzierung von Menschen auf ein Merkmal, v. a. wenn es an einer Schule nur wenige Kinder mit diesem Merkmal gibt (»die Autistin«, »der Syrer«). So ist v. a. im pädagogischen Alltag immer zu überlegen, ob das verwendete Etikett wirklich nötig ist; inwieweit es öffentlich ist und nach außen getragen wird; wo es die Sicht auf ein Kind verändert und verstellt. Jeder Mensch ist zuallererst als ganze Person wahrzunehmen und nicht auf ein Merkmal zu reduzieren.

Markowetz (2016) löst dieses Dilemma ein Stück weit auf, indem er die schulische Inklusion als Prozess begreift, der von der räumlichen Inklusion, also der Anwesenheit der Kinder, über die soziale Partizipation hin zu einer pädagogisch didaktischen Dimension führt (▶ Abb. 2.1).

Schulische Inklusion bedeutet räumliche, soziale und inhaltliche Teilhabe. Jede dieser Stufen steht für bestimmte Veränderungen im System Schule, die miteinander korrespondieren.

Im konkreten Unterricht finden sich laut Markowetz (2016) nicht nur Situationen der Unteilbarkeit, sondern auch exklusive Lernsituationen, die allen Kindern, nicht nur den Kindern mit Förderbedarf, Lern- und Entwicklungsmöglichkeiten eröffnen, aber keinesfalls zu dauerhaften individualpädagogischen Situationen führen dürfen. Denn inklusiver Unterricht respektiert einerseits die Einmaligkeit

2 Inklusion in der Grundschule – Vergangenheit und Gegenwart

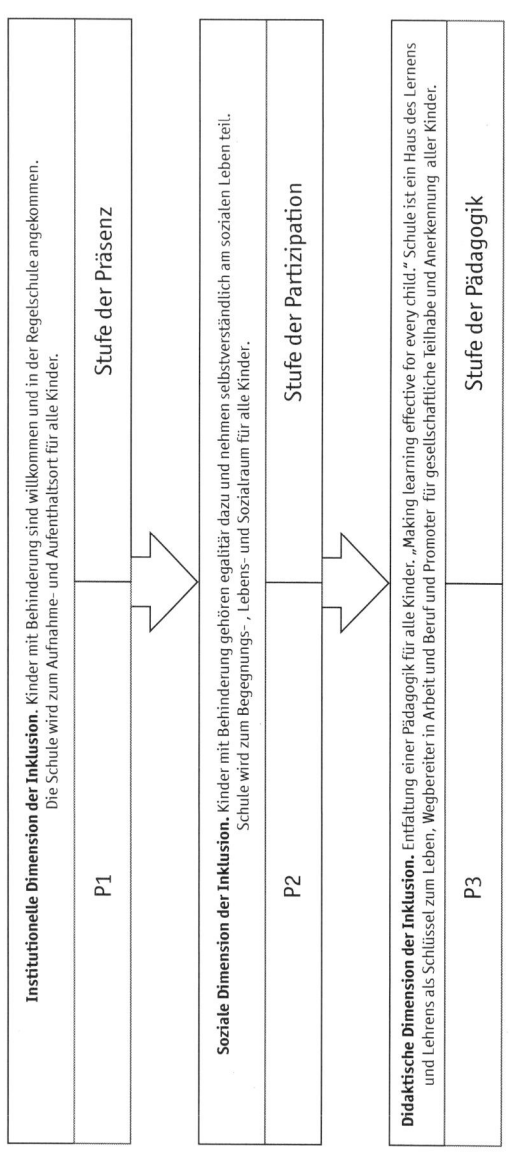

Abb. 2.1: Inklusion als Prozess (Stufen, Dimensionen, Qualitäten) nach Markowetz (2016, S. 246)

jedes Menschen und verlangt andererseits keine »einseitige Anpassungsleistung« (ebd., S. 267) einzelner Individuen.

2.5 Inklusion als Trilemma

Interessant ist der Ansatz von Boger (2017), die Inklusion als Trilemma bezeichnet. »Ein Trilemma besteht aus drei Sätzen, von denen immer nur zwei gleichzeitig wahr sein können« (ebd.). Sie definiert drei Knotenpunkte:

1. Inklusion bedeutet Empowerment.
2. Inklusion bedeutet Normalisierung.
3. Inklusion bedeutet Dekonstruktion.

Immer nur zwei dieser Punkte können verbunden werden, der dritte ist dann zwangsläufig ausgeschlossen. Was heißt das nun für die Grundschule?

Zu 1.: Empowerment bedeutet, dass vulnerable Gruppen aktiv wahr- und ernst genommen werden. Dabei wird Diskriminierung als solche benannt, sowohl in den messbaren Parametern als auch in den persönlichen Erfahrungen der Betroffenen. Wenn El-Mafaalani (2021) für eine kanadische Grundschule beschreibt, dass dort anlasslos jede Woche in ritualisierter Form über negative Erfahrungen, v.a. Diskriminierungserfahrungen (aufgrund verschiedenster Merkmale wie Übergewicht, Behinderung, Gender, Hautfarbe) gesprochen wird, dann folgt dies der Idee des Empowerments.

Zu 2.: Normalisierung zielt auf eine Reduzierung der Differenz. Boger (2017) nennt die Begriffe »Zentrum« und »Peripherie« oder »Marginalisierung« und »Randgruppe«. Menschen oder Gruppen, deren Teilhabe beeinträchtigt ist, die also von Marginalisierung bedroht sind und/oder zu einer Randgruppe gehören, werden aus der Peripherie in das Zentrum gerückt. Die 1993 vom damaligen Bundespräsidenten Richard von Weizsäcker ausgesprochene Idee »Es ist normal, verschieden zu sein« zeugt in gewisser Weise davon (Miles-Paul, 2017).

Zu 3.: Dekonstruktion wendet sich v. a. gegen dichotome, binäre Einteilungen wie »normal« und »anders«. Diese werden in ihrer Entstehung reflektiert und durch andere Narrative ersetzt. Wenn eine Klasse ein »interkulturelles Frühstück« macht, wird Fremdheit und Andersheit konstruiert. Kinder lernen, »ihre Differenz zu demonstrieren« und »Erwartungen der Differenz zu erfüllen« (El-Mafaalani, 2021, S. 107). Sie bringen also beispielsweise Schafskäse und gefüllte Weinblätter mit, auch wenn sie selbst im Elternhaus Cornflakes und Brötchen frühstücken. Derartige Erwartungen von Differenz werden dekonstruiert und aufgelöst.

Die Theorie des Trilemmas sagt nun aus, dass immer zwei dieser Basissätze wahr sein können. Für die Schule bedeutet dies folgende Szenarien (Boger, 2017):

- EN) Empowerment plus Normalisierung (ohne Dekonstruktion): Inklusion bedeutet Chancengerechtigkeit und Teilhabegerechtigkeit. Hierfür sind auch Kategorien der Verschiedenheit nötig, die nicht dekonstruiert werden. In der Sichtweise der Schule äußert sich diese Argumentation in einer Didaktik, die Unterschieden Rechnung trägt, also einer »Didaktik für die Unterrichtsplanung von gemeinsamem Unterricht von Kindern mit und ohne Behinderung« (Boger, 2017).
- ND) Normalisierung plus Dekonstruktion (ohne Empowerment): Die Kategorien verschwinden, somit aber auch die mit ihnen mögliche Beschreibung von Benachteiligung. Schulisch bedeutet diese Sichtweise, dass es keiner eigenen inklusiven Didaktik bedarf, da Kriterien guten Unterrichts mit offenen und differenzierten Formen auch für inklusive Lerngruppen gelten. Didaktische Modelle müssen also nicht explizit und ausschließlich – aber auch – für inklusive Klassen geeignet sein (Textor, 2018, S. 120 ff.).
- DE) Dekonstruktion plus Empowerment (ohne Normalisierung): Hier wird die Möglichkeit, wie alle zu sein, gar nicht angestrebt.

Schulisch würde es bedeuten, dass beispielsweise gehörlose Kinder andere Unterstützung und Materialien bekommen oder dass sie gebärden können. Das Anderssein wird anerkannt und weder versteckt noch angepasst.

Der Zugang über das Trilemma ist v. a. eine interessante Reflexionsgrundlage. Für die Grundschule ist es hilfreich, die eigenen Denkmuster zu hinterfragen und mit den Kolleginnen und Kollegen zu besprechen. Es macht auch in der Kooperation einen Unterschied, welche Linien Lehrkräfte folgen. Allerdings weist Boger (2017) darauf hin, dass im eigenen Unterricht ein »Pendeln im Trilemma« empfehlenswert wäre und keine dogmatische Verortung in einer Linie. Hier finden sich folgende Szenarien oder Denkmuster:

> »Ich muss mich bei der Unterrichtsplanung fragen, was das Allgemeine ist, das ich für alle* so vorbereite, dass niemand verandert wird (ND),
> was die differenten Methoden sind, mit denen ich dieses Allgemeine* auch den Kindern zeigen kann, die andere* Zugangsweisen benötigen (DE)
> und was diesen Kindern, die ich in ihrer Andersheit* anerkenne, hilft, möglichst barriere- und diskriminierungsfrei am normalen* Unterricht teilzunehmen (EN)« (Boger, 2017).[2]

Dieses Pendeln kann sich, wie in der Bielefelder Laborschule, sogar architektonisch niederschlagen,

> »eine große Fläche für alle* (ND),
> gleichzeitig Inseln, in denen man sich abkapseln kann (DE)
> und Räume der Förderung, die in einer normalistischen Allusion an reguläre Klassenzimmer erinnern (EN)« (ebd.).

Dieser Ansatz – bei aller Bewusstmachung der Grenzen und Hindernisse – ist für die Schule hilfreich. Bestimmte Dilemmata, wie das »Ressourcen-Etikettierungs-Dilemma«, können kurzfristig nicht auf-

---

2 Boger schreibt, dass sie die Anderen* ebenso wie die Normalen* mit Stern notiert, um an die Konstruktionsprozesse zu erinnern, die Andersheit als solche hervorbringen (auch als ›Veranderung‹ bezeichnet).

gelöst werden, aber wie sich jede einzelne Lehrkraft dazu immer wieder unterschiedlich positioniert, muss stets bedacht werden.

> **Wichtiges auf einen Blick**
>
> - Die Entwicklung des Schulsystems hin zu Inklusion wird oft in folgender historischer Abfolge beschrieben: Exklusion, Separation, Integration, Inklusion.
> - Ein enger Inklusionsbegriff sieht die Inklusion von Menschen mit Behinderungen im Vordergrund. Ein weiter Inklusionsbegriff folgt der Idee der unteilbaren Gruppe – alle Kinder mit allen Heterogenitätsmerkmalen werden gemeinsam unterrichtet.
> - Ein pädagogisches Konzept für den weiten Inklusionsbegriff ist die »Pädagogik der Vielfalt«, entwickelt von Annedore Prengel.
> - Inklusion im aktuellen Schulsystem bringt das Ressourcen-Etikettierungs-Dilemma mit sich, also eine Situation, in der Schülerinnen und Schüler etikettiert werden müssen, um systembezogene Ressourcen zu erhalten.
> - Boger (2017) bezeichnet Inklusion als Trilemma. Von den Punkten Inklusion als Empowerment, Normalisierung oder Dekonstruktion können laut Boger immer nur zwei gewährleistet werden.

> **Reflexionsaufgaben**
>
> 1. Brauchen wir das Etikett »sonderpädagogischer Förderbedarf«?
> 2. Was spricht dafür? Was spricht dagegen?
> 3. Wie fühlt es sich an, zu hören »Maria hat Förderbedarf im Förderschwerpunkt emotionale und soziale Entwicklung«
>   - aus Marias Sicht?
>   - aus der Sicht von Marias Eltern?

- aus der Sicht von Marias Schulfreundin?
- aus der Sicht von Marias Lehrerin?

3 Rechtliche Grundlagen: Behinderung, Förderbedarfe und Beschulungsformen in deutschen Grundschulen

Wenn wir über Inklusion in der Grundschule sprechen, ist zumindest politisch meist der enge Inklusionsbegriff gemeint. Das hängt sicher auch damit zusammen, dass die UN-BRK der eigentliche Motor der schulischen Inklusion war. Aus Sicht der Regelschulen sind diese seit der Unterzeichnung der UN-BRK um die Gruppe der Menschen mit Behinderungen bzw. Förderbedarf (und die entsprechenden Lehrkräfte) ergänzt worden. Betrachtet man nicht die politische Situation, sondern bezieht sich auf die Person und ihre Bedürfnisse, rückt die Frage in den Vordergrund, was man unter dem Begriff »Behinderung« versteht.

3.1 Der Begriff »Behinderung«

»Behinderung« ist ein geläufiger, wenn auch umstrittener Begriff. Man kann ihn aus drei (Textor, 2018) Perspektiven betrachten: medizinisch, interaktionistisch und sozialrechtlich. *Medizinisch* wird Behinderung als Schädigung und mit Blick auf das Individuum gesehen: Der Mensch hat eine Schädigung und ist somit behindert. Diese Sichtweise wurde schon frühzeitig kritisiert. Gebhardt et al. (2022) verweisen auf Vygotskij, der bereits 1924 auf die soziale und systemische Bedingtheit von Behinderung aufmerksam machte. Mittlerweile wird die medizinische Betrachtung zunehmend ergänzt durch eine *interaktionistische* Sichtweise, in der auch die Umwelt des Menschen berücksichtigt wird. Die Schädigung ist also dann relevant, wenn sie Aktivität und Teilhabe (möglicherweise) einschränkt. Der *sozialrechtliche* Ansatz versucht, eine Rechtsgrundlage zu schaffen und Behinderung juristisch zu beschreiben, so dass Rechte formulierbar sind, die Gleichstellung und Teilhabe ermöglichen. Diese finden sich im deutschen Sozialgesetzbuch im neunten Buch »Rehabilitation und Teilhabe von Menschen mit Behinderungen« (SGB, 2016).

Juristisch wird also definiert, was unter »Menschen mit Behinderungen« zu verstehen ist: »Menschen mit Behinderungen sind Menschen, die körperliche, seelische, geistige oder Sinnesbeeinträchtigungen haben, die sie in Wechselwirkung mit einstellungs- und umweltbedingten Barrieren an der gleichberechtigten Teilhabe an der Gesellschaft mit hoher Wahrscheinlichkeit länger als sechs Monate hindern können« (SGB IX, §2). Diese Definition wurde erst 2016 gewählt (vorher hieß es »Menschen sind behindert, ...«) und soll dem interaktionistischen Modell, etwa dem der Internationalen Klassifikation der Funktionsfähigkeit, Behinderung und Gesundheit (ICF), entsprechen. Grundsätzlich regelt das Bundesteilhabegesetz alle Aspekte der Teilhabe, etwa das Recht auf Frühförderung (SGB IX, §46). Die International Classification of Functioning, Disability and Health (ICF) ist eine Klassifikation der Weltgesundheitsorganisation (WHO). Sie bezieht sich auf ein »bio-psycho-soziales Modell der Komponenten von Gesundheit« und unterteilt drei grundlegende Aspekte von Störungen: »Körperfunktionen und Strukturen« (hier wird als Störungsbegriff »Schädigung« genannt), »Aktivitäten« (hier wird als Störungsbegriff »Beeinträchtigung der Aktivität« genannt) und »Partizipation« (hier wird als Störungsbegriff »Beeinträchtigung der Partizipation« genannt). Es handelt sich also um einen umfassenden interaktionistischen Behinderungsbegriff (WHO, 2005).

Eine ähnliche Unterscheidung treffen Gebhardt et al. (2022), die vier Modelle von Behinderung unterscheiden: individuell-medizinisch, sozial, systemisch und kulturell. Das individuell-medizinische Modell entspricht der oben genannten medizinischen Sichtweise. Das soziale Modell besagt, dass es unabhängig von den individuellen

Voraussetzungen die politischen und sozialen Bedingungen sind, die Menschen behindern. Im systemischen Modell werden die systemischen Barrieren betont, die etwa das Schulsystem aufbaut. Im Sinne der ökosystemischen Theorie Bronfenbrenners (Bronfenbrenner et al., 1981) entsteht Behinderung im Kontext der Interaktion zwischen dem Kind und seinen Systemen. Das kulturelle Modell schließlich sieht Behinderung im Sinne kultureller Barrieren, die von einem Normalitätsbegriff ausgehen. Dieser wird in Frage gestellt, da Menschen mit Behinderung kulturelle Vielfalt hinzufügen und so der Normalitätsbegriff ausgeweitet werden muss. Es geht also um Empowerment, nicht um eine Gruppe von Behinderten, der ein eigener Status zuerkannt werden muss.

3.2 Der Begriff »Förderbedarf«

Der Begriff der Behinderung wird stellenweise vom Begriff des Förderbedarfs abgelöst. Förderbedarf ist eine systemische Zuschreibung, deren Bedeutung sich im Laufe der Zeit ebenso geändert hat wie die des Begriffs Behinderung. In Deutschland wurde der Begriff des sonderpädagogischen Förderbedarfs in den 1990er Jahren eingeführt (KMK, 1994). Diese Begrifflichkeit des Förderbedarfs sollte eher individuumsbezogene Zuschreibungen (etwa »Behinderung«) verhindern und die Systemebene in den Blick nehmen, indem folgendermaßen definiert wird:

> »Sonderpädagogischer Förderbedarf ist bei Kindern und Jugendlichen anzunehmen, die in ihren Bildungs-, Entwicklungs- und Lernmöglichkeiten so beeinträchtigt sind, daß sie im Unterricht der allgemeinen Schule ohne sonderpädagogische Unterstützung nicht hinreichend gefördert werden können« (ebd.).

Der Beweggrund für diese Umschreibung war, den Begriff der »Sonderschulbedürftigkeit« zu ersetzen (ebd.) und so die »Vielfalt der

3.2 Der Begriff »Förderbedarf«

Organisationsformen und der Vorgehensweisen in der pädagogischen, [sic] Förderung« Rechnung zu tragen, denn »die Erfüllung Sonderpädagogischen Förderbedarfs ist nicht an Sonderschulen gebunden« (ebd.).

Der sonderpädagogische Förderbedarf kann sich auf verschiedene Förderschwerpunkte beziehen. Hierzu schreibt die Kultusministerkonferenz (ebd., S. 10): »Eine zentrale Aufgabe sonderpädagogischer Förderung besteht darin, behinderungsspezifische Förderschwerpunkte aus einem oder aus mehreren Entwicklungsbereichen mit erzieherischen und unterrichtlichen Aufgaben zu verknüpfen.«

Insgesamt definierte die KMK ab 1994 neun sonderpädagogische Förderschwerpunkte (Quante, 2021, S. 27):

1. Förderschwerpunkt Sehen (1996)
2. Förderschwerpunkt Hören (1996)
3. Förderschwerpunkt körperliche und motorische Entwicklung (1998)
4. Förderschwerpunkt Unterricht kranker Schülerinnen und Schüler (1998)
5. Förderschwerpunkt geistige Entwicklung (1998)
6. Förderschwerpunkt Sprache (1998)
7. Förderschwerpunkt Lernen (1999)
8. Förderschwerpunkt emotionale und soziale Entwicklung (2000)
9. Erziehung und Unterricht von Kindern mit autistischem Verhalten (2000)

Der Förderbedarf eines Kindes berührt dann einen oder mehrere der Förderschwerpunkte und muss diagnostiziert werden. Wichtig ist zu berücksichtigen, dass eine Behinderung nicht zwingend einen sonderpädagogischen Förderbedarf nach sich zieht und nicht jeder Förderbedarf auf eine Behinderung zurückzuführen ist. Die Begriffe sind also keine Synonyme. Die Einführung der Begrifflichkeit »Förderbedarf« kann trotz allem, was damit intendiert ist, nicht verhindern, dass es nach wie vor zu einer Kategorisierung und Dichotomisierung kommt. Das Leitbild ist zwar die Unterstützung und

Förderung, aber die Diagnostik zur Feststellung des Förderbedarfs erfolgt in den Bundesländern unterschiedlich (Sälzer et al., 2015):

> »Der Weg in die Förderschule bzw. eine integrative Beschulungsform beginnt sehr vielfältig und endet, zumindest theoretisch, in allen 16 Bundesländern bei der Schulaufsichtsbehörde, die die letztgültige Entscheidung bezüglich der zu besuchenden Schule trifft« (ebd., S. 129).

Dem Elternwunsch kommt hierbei in den Bundesländern ein unterschiedliches Gewicht zu. Im Saarland wird seit 2016/17 der sonderpädagogische Förderbedarf in den allgemeinen Schulen nur noch bei einer Umschulung in eine Förderschule erfasst (Hollenbach-Biele & Klemm, 2020).

Tab. 3.1: Verteilung der Schülerinnen und Schüler mit sonderpädagogischem Förderbedarf in allgemeinen Schulen und in Förderschulen auf die Förderschwerpunkte (KMK, 2022, S. 16), Werte in Prozent

Förderschwerpunkte	2020
Zahl der Schülerinnen und Schüler insgesamt	582.400
Lernen	39,2
Emotionale und soziale Entwicklung	17,8
Sprache	10,2
Geistige Entwicklung	17,2
Körperlich-motorische Entwicklung	6,8
Hören	3,8
Sehen	1,7
übergreifend/ohne Zuordnung	1,3

Tabelle 3.1 zeigt, wie sich die Förderschwerpunkte auf die diagnostizierten Schülerinnen und Schüler verteilen (▶ Tab. 3.1). Allerdings kann die Tatsache, dass einzelne Bundesländer in den allgemeinen Schulen keine Diagnostik des sonderpädagogischen Förderbedarfs

3.2 Der Begriff »Förderbedarf«

vornehmen (Saarland) oder zumindest während der Schuleingangsphase davon absehen, diese Werte beeinflussen (Hollenbach-Biele & Klemm, 2020, S. 14).

Tabelle 3.1 verdeutlicht, dass die Förderschwerpunkte Lernen sowie Emotionale und soziale Entwicklung bei den Schülerinnen und Schülern am häufigsten vorzufinden sind (▶ Tab. 3.1).

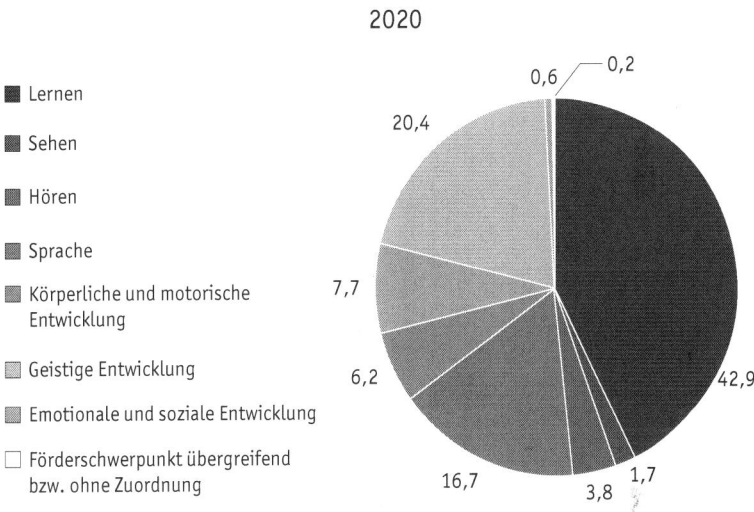

Abb. 3.1: Inklusiv unterrichtete Schülerinnen und Schüler in deutschen Grundschulen. Verteilung nach Förderschwerpunkten, Werte in Prozent (Daten aus: KMK, 2022, S. 12, eigene Darstellung)

Abbildung 3.1 gibt die Förderschwerpunkte der Kinder an, die am häufigsten inklusiv beschult werden. Diese Abbildung zeigt, dass die prozentuale Häufigkeit der Inklusion bestimmter Förderschwerpunkte in der Grundschule nicht der Häufigkeit der Diagnosen (▶ Abb. 3.1) entspricht. Kinder mit diagnostizierten Förderschwerpunkten Lernen, Sprache sowie Emotionale und soziale Entwicklung werden vergleichsweise häufig in Regelgrundschulen eingeschult, Kinder mit Förderschwerpunkt geistige Entwicklung z. B. eher selten.

Insgesamt wurden 2020 an Regelgrundschulen in Deutschland 95.566 Kinder mit Förderbedarf beschult.

3.3 Beschulungs- und Organisationsformen in der inklusiven Grundschule

Es gibt in den einzelnen Bundesländern verschiedene Organisationsformen, die unter dem Stichwort »Inklusion« firmieren, aber eher integrativ sind (Blanck, 2014). Blanck (2014) unterscheidet in »Prävention [...], Kooperation, Sonderklassen, Integration in Regelklassen sowie Schwerpunktschulen«. Diese Formen werden im Folgenden nach Blanck (2014) aufgezeigt, mit dem Hinweis, dass die Bezeichnungen in den Bundesländern abweichen können.

Prävention bezeichnet die Mitwirkung von Sonderpädagoginnen und -pädagogen in der Regelschule, in der Regel für spezifische Kinder, beispielsweise als mobiler Dienst, in einzelnen Bundesländern auch, ohne dass die Kinder hierfür bereits eine Diagnostik benötigen.

Kooperation zwischen Sonder- und Regelschulen beinhaltet Kontaktmöglichkeiten (etwa gemeinsame außerunterrichtliche Aktivitäten) oder auch gemeinsamen Unterricht in einzelnen Fächern. Außerhalb dieser organisierten Kontakte bleiben die Schülerinnen und Schüler in ihrer sonstigen Schulform (Regelschule – Sonderschule).

Sonderklassen finden sich in einigen Bundesländern und sind Klassen der Sonderschule, die an Regelschulen untergebracht sind. Mitunter werden sie auch als »Außenklassen« oder »Partnerklassen« bezeichnet. Meist kooperieren sie mit einer festen Regelkasse an der Schule.

Integrationsklassen sind Regelkassen, die von ein oder mehreren Schülerinnen und Schülern mit sonderpädagogischem Förderbedarf besucht werden. Ob und in welchem Umfang hier Sonderpädagoginnen und -pädagogen eingesetzt werden, ist unterschiedlich.

Schwerpunktschulen (auch »Profilschulen« oder »Schulen mit ›Schulprofil Inklusion‹«) bezeichnen eine Organisationsform auf Schulebene. Damit werden Schulen bezeichnet, die einen hohen Anteil an Kindern mit erheblichem Förderbedarf aufnehmen. Welche Klassenorganisation sich hier findet, ist unterschiedlich. An derartigen Schulen lassen sich auch Klassen mit festen Lehrkräftetandems finden.

Die Darstellung der Organisationsformen zeigt, dass bei aller Mühe in den meisten Organisationsformen die Kinder mit Förderbedarf als Gruppe wahrgenommen werden, oft mit Gaststatus (Kooperationsklassen, Sonderklassen). Hier könnte man eher von Integration als von Inklusion sprechen. Zudem, darauf weist Blanck (2014) in ihrer Analyse hin, können diese Formen auch differentielle Effekte auf die Entwicklung der Schülerinnen und Schüler mit und ohne Förderbedarf haben. Damit ist gemeint, dass je nach Inklusions-/Integrationsform bestimmte Kinder(-gruppen) anders betroffen sind, was etwa die soziale Einbindung, die Kompetenzentwicklung oder das Wohlbefinden betrifft.

Wichtiges auf einen Blick

- 1994 führte die KMK den Begriff des Förderbedarfs ein, um eine Terminologie zu schaffen, die der Möglichkeit, als Förderort auch die allgemeine Schule zu wählen, eine höhere Bedeutung zuwies.
- In den folgenden Jahren wurden neun Förderschwerpunkte definiert.
- An inklusiven Regelgrundschulen wurden im Jahr 2020 Kinder mit den diagnostizierten Förderschwerpunkten Lernen (42,9 %), emotionale und soziale Entwicklung (20,4 %) und Sprache (16,7 %) am häufigsten unterrichtet.

- Es gibt verschiedene Organisationsformen der schulischen Integration/Inklusion (Prävention über mobile Dienste, Kooperation, Sonderklassen, Integration in Regelklassen sowie Schwerpunktschulen).

Reflexionsaufgaben

1. Recherchieren Sie im Internet für Ihre Region, welche der oben genannten Formen integrativer/inklusiver Beschulung es gibt.
2. Besuchen Sie eine Grundschule in Ihrem Umfeld, die inklusiv arbeitet, und überlegen Sie schon beim Betreten der Schule: Was ist hier sichtbar? Und was sagt das über die gelebten Normen und Werte?
3. Überlegen Sie für Ihre eigene Schule: Was sehen Besucherinnen und Besucher hier? Was sagt das über uns?

4 Heterogenität und Inklusion, Forschungsergebnisse

Die Institutionen Kindergarten und Grundschule können als demokratische Orte angesehen werden, in denen alle Kinder ohne Ausnahme zusammenkommen – altersgemischt, inklusiv, in Vielfalt. Natürlich gibt es, wie im ersten Kapitel dargestellt, eine gewisse soziale Entmischung, aber dennoch ist diesen Institutionen Vielfalt viel stärker zu eigen als etwa den weiterführenden Schulen. Es lohnt sich sicherlich, die kindliche Lebenswelt einmal auf Orte hin zu betrachten, in denen Kinder in Verschiedenheit aufeinandertreffen – Schwimmbad, Spielplatz, Sportverein – und zu überlegen, inwiefern diese Interaktionsmöglichkeiten auch Errungenschaften sind. Dass es die »Straßenkindheit«, in der die Kinder draußen mit den Kindern der Straße spielen, nicht mehr in dem Maße wie noch in den 1970er Jahren gibt, dass institutionalisierte, nach innen verlegte sowie im Nahraum stattfindende Freizeitangebote an deren Stelle getreten sind, sorgt neben anderen Aspekten auch für eine geringere Durchmischung der Kinder. Wer im eigenen Garten auf dem eigenen Trampolin hüpft, lernt nicht, auf dem Spielplatz mit völlig unterschiedlichen Kindern zu interagieren. So ist gerade die Grundschule der Ort, an dem Kinder auch ganz andere Kinder kennenlernen können, Kinder mit anderen Interessen, anderen Alters, anderen Spielideen, mit denen es sich auseinanderzusetzen lohnt.

4.1 Heterogenität und Intersektionalität

Man kann also sagen, dass die Grundschule von Heterogenität geprägt ist. Damit ist zunächst wertneutral gemeint, dass Kinder sehr unterschiedlich sind und mit von ihnen verschiedenen Kindern Kontakt haben. Die Vorstellung, dass Kinder an sich heterogen sind, beinhaltet aber eine normative Ebene. Zunächst einmal ist jeder Mensch individuell. Das ist reizvoll, wenn verschiedene Menschen aufeinandertreffen, da man Fremdes und Gemeinsames entdecken kann. Im schulischen Kontext werden mit dem Stichwort Heterogenität aber meist die Aspekte von Individualität gemeint, die mit dem Lernen und Unterrichten relevant werden. Hier gibt es soziokulturelle Differenzkategorien wie Geschlecht, Ethnizität, Milieu oder Behinderung (Budde, 2018).

Diese sind v. a. auch deshalb im Schulsystem bedeutsam, weil sie mit mangelnder Teilhabe an Bildung und Nachteilen im Bildungssystem zusammenhängen, was seit Jahren für das deutsche Bildungssystem nachgewiesen wird (etwa in der Internationalen Grundschul-Leseuntersuchung IGLU, McElvany et al., 2023) und sich mit den Maßnahmen zur Bekämpfung der Corona-Pandemie noch verstärkt hat. Die Schulschließungen und der damit verbundene Umstieg auf digitale Medien und Distanzunterricht benachteiligten Kinder und Jugendliche mit erschwerten Bedingungen zusätzlich, etwa Kinder mit Fluchterfahrung (Bertelsmann Stiftung, 2021) und auch Kinder mit Behinderungen und Förderbedarf (ein Überblick über Studien zu diesem Thema findet sich in Fickermann & Edelstein 2021). Es lässt sich unschwer vorstellen, dass in der häufig schlechten Wohnsituation geflüchteter Kinder kaum Privatsphäre für »Homeschooling« zu finden ist, auch wenn WLAN und technisches Equipment vorhanden wären, was sie meistens nicht sind (Bertelsmann Stiftung, 2021; Rude, 2020). Das fehlende technische Equipment kann auch bei Kindern mit Förderbedarfen ein Thema sein, genauso der Wegfall von Strukturen und Routinen, Überforderung der Eltern, Verringerung der Sozialkontakte (Kinder im Förderschwerpunkt

4.1 Heterogenität und Intersektionalität

geistige Entwicklung können z.B. nicht einfach Messengerdienste nutzen) und grundlegende Barrieren in Nutzung und Wahrnehmung digitaler Angebote (Siegemund et al., 2021).

Wurden diese Probleme gelöst, werden durchaus auch positive Ergebnisse des Fernunterrichts bei Kindern mit Behinderungen berichtet (Besic & Holzinger, 2020). Allerdings blieb für vulnerable Gruppen, wie geflüchtete Kinder und Kinder mit Behinderungen, die Problematik bestehen, dass die schulische »Normalität« im Distanzunterricht schwierig und deutlich gefährdet ist, dass sich bestehende Probleme auch psychischer Natur verstärken und Schule als Teil eines stabilen, resilienten Umfelds wegfällt. Viele Kinder sind zudem davon bedroht, bereits im Unterricht erworbene Kompetenzen zu verlieren (Rude, 2020). So ist die »Corona als Brennglas«-Metapher (z.B. bei Rude, 2020) für die Benachteiligungen im Bildungssystem sicherlich zutreffend.

Kinder bringen also aufgrund ihrer Lebenswelten sehr unterschiedliche Lernvoraussetzungen mit. Manche dieser Voraussetzungen beeinflussen die schulische Teilhabe. Wenn mehrere Differenzlinien in Kombination miteinander auftreten, spricht man von Intersektionalität. Es geht hierbei um Mehrfachdiskriminierungen bzw. Mehrfachbenachteiligungen. Die Juristin Crenshaw (1989) verwendet den Begriff als Erste und macht darauf aufmerksam, dass Schwarze Frauen speziell als Schwarze Frauen benachteiligt sind und andere Diskriminierungserfahrungen machen als Weiße Frauen oder Schwarze Männer. Im Kontext der Heterogenität in der Grundschule gilt beispielsweise, dass im Förderschwerpunkt Lernen häufig Kinder aus Familien mit niedrigem sozioökonomischen Status, Jungen und Kinder mit Migrationshintergrund anzutreffen sind (Textor, 2018). Diese Wechselwirkungen sollte man in den Blick nehmen. Crenshaw (1989) verwendet das Bild der »Intersection« wortwörtlich als »Straßenkreuzung«:

> »Consider an analogy to traffic in an intersection, coming and going in all four directions. Discrimination, like traffic through an intersection, may flow in one direction, and it may flow in another. If an accident happens in an

4 Heterogenität und Inklusion, Forschungsergebnisse

intersection, it can be caused by cars traveling from any number of directions and, sometimes, from all of them« (Crenshaw, 1989, S. 149).

Diese Analogie wurde von Crenshaw im juristischen Kontext formuliert. Trotz aller Kritik an derartigen Übertragungen (Walgenbach, 2012) kann man sie auf das Bildungssystem transferieren. Jede Differenzlinie und erst recht ihre Überlappung und somit Verstärkung sorgt für Benachteiligung.

4.2 Einstellungen zu Inklusion

Eine interessante Fragestellung in diesem Zusammenhang ist, wie Kinder im Grundschulalter bzw. in Grundschulklassen selbst mit der Heterogenität umgehen, inwiefern sie inklusiv denken und handeln. Das eigentliche inklusive Handeln von Kindern, also ein »doing inclusion«, ist bislang selten Gegenstand von Studien.

Untersucht wurde dagegen häufig die soziale Eingebundenheit von Kindern mit Behinderungen in inklusiven Klassen. Des Weiteren gibt es einige Studien zum Thema »soziale Distanz« bzw. zu Einstellungen zu Inklusion, von Kindern und Lehrkräften. Und schließlich wird in jüngerer Zeit auch das Wohlbefinden von Kindern mit und ohne Förderbedarf in inklusiven Klassen untersucht.

Soziale Distanz wurde in Grundschulen bislang für Kinder mit Migrationshintergrund sowie für Kinder mit Behinderungen untersucht (Gerullis & Huber, 2017). Bereits 1993 befragte Wocken (Wocken, 1993) mit Hilfe von Vignetten 1055 Kinder verschiedener Schulformen (Grund-, Haupt-, Gesamt-, Förderschulen, Integrationsklassen und Gymnasien) zur sozialen Distanz gegenüber verschiedenen Kindern mit Besonderheiten (körperlich-motorische Behinderung, Lernbehinderung, geistige Behinderung, emotional-soziale Beeinträchtigung, Migrationshintergrund). Gefragt wurde z. B., ob man mit einem anderen Kind etwa schwimmen gehen oder bei ihm übernachten würde. Am größten war die soziale Distanz zu dem Kind mit emotional-sozialer Beeinträchtigung (etwa einem aggressiven Kind), am niedrigsten zu dem Kind mit Lernbehinderung, welche in der Befragung als reine Lerneinschränkung ohne weitere (beispielsweise soziale) Probleme dargestellt wurde.

20 Jahre später stellten de Boer et al. (2012) eine Metaanalyse von 20 Studien aus sieben Ländern vor, die Einstellungen von Grundschulkindern ohne Behinderung (vier bis zwölf Jahre alt) gegenüber Kindern mit Behinderungen zusammenfasste. Im Mittel sind die Einstellungen neutral, aber die Autorinnen und Autoren weisen darauf hin, dass die Varianz in beide Richtungen (positiv und negativ) hoch ist und es durchaus vorkommen kann, dass eine kleine Gruppe von Kindern mit negativen Einstellungen Kindern mit Behinderungen negativ gegenübertritt. Interessant ist, dass, wie auch schon bei Wocken (1993) und später bei Schwab (2015) nachgewiesen, Mädchen eine positivere Einstellung haben, dass Wissen und elterliche Einstellungen positive Effekte zeigen und auch hier die negativsten Einstellungen gegenüber Kindern mit den Förderbedarfen sozialemotionale Entwicklung und geistige Entwicklung auftraten.

Auch Bosse et al. (2018) ermittelten, dass Grundschulkinder unterschiedlich über Schülerinnen und Schüler mit Förderbedarfen urteilten: Auch bei ihnen erfahren Kinder, die Verhaltensauffälligkeiten wie externalisierendes, aggressives Verhalten zeigen, geringe Akzeptanz. Differenziert erfassten Gerullis und Huber (2017) die soziale Distanz gegenüber verschiedenen Kindern in verschiedenen Settings bei 1283 Grundschulkindern (Jahrgangsstufen 3 bis 6, darunter auch Kinder mit Förderbedarf und Migrationshintergrund). Mit Rückgriff auf die Studie von Gasser et al. (2012), in der 70 Kindergartenkinder im Vergleich zu 71 Fünft- und Sechstklässlerinnen und -klässlern befragt wurden, konstatieren Gerullis und Huber (2017, S. 339): »In Situationen, in denen Leistung erforderlich ist, werden Kinder bevorzugt, die zur Erbringung einer Leistung beitragen können. In Situationen, in denen das soziale Miteinander im Vordergrund steht, werden eher Kinder gewählt, die von einer Exklusion gefährdet sind.« Bei Gerullis und Huber (2017) war auf einer fünfstufigen Likertskala (1–5) im Klassenraum die Distanz zu dem Kind mit Lernbehinderung (MW 1.90, SD 1.13) wesentlich niedriger als diejenige zu dem Kind mit Verhaltensauffälligkeiten (MW 3.02, SD 1.61), und die Distanz zu diesem Kind wiederum war auf dem Schulhof deutlich niedriger (MW 1.51, SD 0.96). Dass hierbei auch Gruppennormen innerhalb der Klassen eine Rolle spielen, zeigen Schwalbe et al. (2021), wobei sowohl Hilfsbereitschaft als auch Aggressivität über alle Jahrgangsstufen hinweg positiv bzw. negativ bedeutsam waren.

Es zeigen sich also auf der Einstellungsebene durchaus Tendenzen, die Lehrkräfte zumindest hellhörig machen müssen: Bestimmte Kinder, v. a. Kinder mit dem Förderbedarf sozial-emotionale Entwicklung und hier v. a. diejenigen, die aggressives störendes Verhalten zeigen, werden tendenziell weniger akzeptiert und stehen in einer isolierten Position innerhalb der Klasse. Gerade diese Kinder haben aber häufig ein hohes soziales Anerkennungsbedürfnis (Blumenthal & Blumenthal, 2021), weshalb der sozialen Eingebundenheit dieser Kinder hohe Aufmerksamkeit geschenkt werden müsste.

4.3 Soziale Eingebundenheit in der Inklusion

Diese Befunde werden auch in der Forschung zur sozialen Eingebundenheit bestätigt: Auf der Grundlage des Literaturreviews von Koster et al. (2009) konnten die drei Konstrukte soziale Inklusion, soziale Integration und soziale Partizipation ausgemacht werden, die aber in den zitierten Studien nicht immer explizit definiert werden und sich vielfach überlappen.

Soziale Integration zeigt sich darin, dass die Schülerinnen und Schüler in der Klasse akzeptiert sind, also auch die anderen Kinder gern Zeit mit ihnen verbringen. Sie nehmen aktiv an Klassenaktivitäten teil und haben mindestens eine gegenseitige Freundschaft. Die soziale Inklusion wird in den Studien recht ähnlich definiert, die Kinder sind in der Klasse sozial akzeptiert, hinzu kommt ein gewisser

4.3 Soziale Eingebundenheit in der Inklusion

sozialer Status, dass die Kinder nicht gemobbt werden und dass sie sich auch selbst als akzeptiert, wenig einsam und sozial kompetent einschätzen. Soziale Partizipation bezieht sich v. a. auf Interaktionen. Hauptaspekte sind Freundschaften, Netzwerke von Freunden, lang dauernde Beziehungen, Spielkontakte und Sozialkontakte. Insgesamt zeigen alle Studien, die in das Review eingegangen sind, dass die sozialen Dimensionen der Inklusion vielfältig sind und auch vielfältig beschrieben werden. Die hierbei bedeutsamen vier Schlüsselaspekte sind: Freundschaften und Beziehungen, Interaktionen und Kontakte, Wahrnehmung der Schülerinnen und Schüler mit Förderbedarf, Akzeptanz durch die Klassenkameradinnen und -kameraden (Koster et al., 2019).

Krawinkel et al. (2017) fassen die heterogene Studienlage zusammen und zeigen in ihrer eigenen Studie mit 30 inklusiven Grundschulklassen, dass Kinder mit Förderbedarf weniger beliebt sind, häufiger abgelehnt werden und sich auch selbst weniger als sozial partizipierend einschätzen. Interessant sind hierbei die erklärenden Faktoren. Einen positiven Zusammenhang gab es zwischen dem Klassenklima und der Selbstwahrnehmung sozialer Partizipation. Das Klassenklima und eine individuelle Bezugsnormorientierung der Lehrkraft korrelieren damit, dass die Kinder mit Förderbedarf weniger abgelehnt wurden und sich besser integriert fühlen. Auch die gute Beziehung zur Lehrkraft erscheint als positiv. Zwar waren die Merkmale der Kinder selbst in dieser Studie wirkmächtiger als die Klassenvariablen, aber es zeigte sich doch, welche Bedeutung die Lehrkräfte hatten.

Ähnliches zeigt die Studie von Serke (2019): Aus den Daten der Bielefelder Längsschnittstudie zum Lernen in inklusiven und exklusiven Förderarrangements (BiLieF) wählt er 24 Fälle, Grundschülerinnen und -schüler mit Förderschwerpunkt Lernen, die in unterschiedlichen Settings beschult werden. Es zeigt sich deutlich, dass das Wohlbefinden der Schülerinnen und Schüler davon abhängt, wie Lehrkräfte die Beziehungen gestalten, welche Werthaltung diese mitbringen, darüber hinaus aber auch, welche Werthaltung an der Schule insgesamt vorherrscht. Diese ist bedeutsamer als die zweifellos ebenfalls wichtigen Ressourcen und die Ausstattung. An den Schulen, in denen die Kinder mit Förderbedarf hohes Wohlbefinden zeigen, wird sowohl ein großes Maß an Differenzierung als auch an gemeinsamen Elementen realisiert, also Gleichheit und Verschiedenheit betont.

4.4 Leistungsentwicklung in der Inklusion

Eine weitere wichtige Frage ist die nach den Effekten der schulischen Inklusion auf die Leistungsentwicklung von Grundschulkindern. Bei Kindern mit Förderschwerpunkt Lernen zeigen sich in nahezu allen Studien, auch in der 40 Studien zusammenfassenden Metanalyse von Krämer et al. (2021), dass die Kinder im kognitiven Bereich von der Inklusion profitieren, während die sozialen und interaktiven Effekte neutral sind. Ähnliche Befunde gibt es auch für die Förderschwerpunkte geistige Entwicklung sowie körperliche und motorische Entwicklung (zusammenfassend Textor, 2018). Kinder ohne Förderbedarf zeigen ähnlich gute Leistungen wie in nicht inklusiven Klassen, werden teilweise durch die heterogenitätsorientierten Methoden besser gefördert und auch ihr Selbstkonzept und das Klassenklima sind positiver (zusammenfassend Textor, 2018). Cole et al. konnten in zwei Studien sowohl für die Grundschule als auch für den Sekundarbereich und für verschiedene Förderschwerpunkte höhere akademische Leistungen für inklusiv unterrichtete Kinder belegen (Cole et al., 2021, 2022). Alle diese Befunde sprechen eindeutig für Inklusion.

Krämer et al. (2021) weisen darauf hin, dass die Lehrkräfte bei dieser positiven Entwicklung eine wesentliche Rolle spielen. Verschiedene Studien zeigen für Lehrkräfte der Grundschule positive Einstellungen zu Inklusion, wenn auch unterschiedlich für unterschiedliche Förderschwerpunkte. Eine rein körperliche Einschränkung, aber auch Verhaltensauffälligkeiten wurden eher nicht als

4.4 Leistungsentwicklung in der Inklusion

Faktoren gesehen, die eine besondere Beschulung notwendig machten. Die Beschulung von Kindern mit einer kognitiven Beeinträchtigung oder schwerer Mehrfachbehinderung verorteten die Befragten dagegen tendenziell eher an der Förderschule. Kurz gesagt, Lehrkräfte können sich dann Inklusion eher vorstellen, wenn die Erwartung, dass dem Unterricht sprachlich und kognitiv gefolgt werden kann, erfüllt ist (Scheer et al., 2015a, 2015b; Scholz & Rank, 2015).

> **Wichtiges auf einen Blick**
>
> - Die Heterogenitätsmerkmale Geschlecht, Ethnizität, Milieu oder Behinderung sind für die Grundschule deshalb bedeutsam, weil sie mit Nachteilen im Bildungssystem zusammenhängen.
> - Das Wort Intersektionalität beschreibt das Zusammentreffen mehrerer Differenzlinien (z. B. Junge mit Migrationshintergrund und Lernbehinderung)
> - Untersuchungen zur sozialen Eingebundenheit von Grundschulkindern mit Förderbedarf zeigen, dass v. a. Kinder mit dem Förderschwerpunkt sozial-emotionale Entwicklung in Schulklassen weniger eingebunden sind.
> - Lehrkräfte und Schulen können die soziale Eingebundenheit von Kindern mit Förderbedarf deutlich erhöhen, indem sie ein Klima der Wertschätzung leben und kultivieren.
> - Kinder mit Förderbedarf profitieren von der Inklusion auch im Bereich der kognitiven Leistungen.

Reflexionsaufgaben
Lesen Sie sich Ihre Schülerinnen- und Schülerbeobachtungen durch:

1. Inwiefern wird ein impliziter Normbereich formuliert und damit auch eine Abweichung (etwa »Alle arbeiten ruhig mit, nur X stört und ist laut«)?

2. Inwiefern fokussieren Sie auf einzelne auffällige Kinder?
3. Wie erklären Sie sich scheinbar abweichendes Verhalten? Reflektieren Sie Ihre Einstellungen und Ihr Alltagswissen (etwa »X ist ein Scheidungskind und muss für seine Mutter den Mann im Haus spielen«)?

5 Bedingungen schulischer Inklusion in der Regel-Grundschule

Wie bereits ausgeführt, wird im Kontext der Ratifizierung der UN-Behindertenrechtskonvention diskutiert, ob damit wirklich der radikale Anspruch der Abschaffung von Sonderschulen und der ausschließlichen gemeinsamen Beschulung an Regelschulen verbunden ist (z.B. bei Ahrbeck, 2014). Auch wenn diese Diskussion wichtige Impulse und Gedanken beinhaltet, möchte ich im Folgenden von einer Inklusion an Regel-Grundschulen ausgehen und die Bedingungen aufzeigen, die vorzufinden bzw. zu schaffen sind. Auch in der juristischen Literatur und Spruchpraxis gilt die Inklusion an Regelschulen als die angestrebte Umsetzung der UN-BRK (Steinmetz et al., 2021, S. 31 ff.).

Das Gelingen von schulischer Inklusion kann anhand von Kriterien wie Teilhabe, Wohlbefinden, Kompetenzerwerb und Bildung beurteilt werden. Büker et al. (2022, S. 276) führen zum inklusiven Schulsystem aus: »Dieses soll allen Menschen das Recht auf Teilhabe an der Gesellschaft im Allgemeinen und an Bildungsangeboten im Besonderen, das Recht auf Mitbestimmung (Partizipation) sowie die Möglichkeit, ihre Leistungspotentiale zu entwickeln, garantieren«. Die Bedingungen hierfür lassen sich auf der Makro-, Meso- und Mikroebene unterscheiden (Trumpa & Franz, 2014).

5 Bedingungen schulischer Inklusion in der Regel-Grundschule

5.1 Makroebene

Die Makroebene beschreibt das gesamte Schulsystem. Bundesweit steigen die Inklusionsquoten[3] (2008/09 lag die Quote bei 1,1 %, 2020/21 bei 3,4 %). Aber die Exklusionsquoten[4] sinken nicht im selben Maße (2008/09 lag die Quote bei 4,8 %, 2020/21 bei 4,3 %). Die Exklusionsquote schwankt stark zwischen den Bundesländern (2020/21 war sie in Bremen bei 0,8 % und in Sachsen-Anhalt bei 6,5 %). In einzelnen Bundesländern (Baden-Württemberg, Bayern und Rheinland-Pfalz) ist die Exklusionsquote angestiegen, und es gehen mehr Schülerinnen und Schüler an die Förderschule als noch 2008 (Hollenbach-Biele et al., 2020, Autor:innengruppe Bildungsberichterstattung 2022). Dass dies trotz gestiegener Inklusionsquote der Fall ist, bedeutet, dass mehr Kinder mit Förderbedarf diagnostiziert werden. Dafür werden vielfältige Gründe diskutiert: Es gibt tatsächlich mehr Schülerinnen und Schüler mit Förderbedarf; die Schulen melden mehr Schülerinnen und Schüler mit Förderbedarf, um mehr Ressourcen zu erhalten; die Lehrkräfte haben bessere Diagnosekompetenzen und/oder Diagnosen wirken nicht mehr so stigmatisierend (Hollenbach-Biele & Klemm, 2020).

Die verschiedenen integrativen/inklusiven Möglichkeiten der Beschulung wurden bereits in Kapitel 4, den rechtlichen Grundlagen, vorgestellt (▶ Kap. 4). Es finden sich an deutschen Grundschulen verschiedene Organisationsformen der schulischen Integration/Inklusion, die man als Mischformen bezeichnen kann: »Prävention [...],

---

3 »Sie geben den Anteil der Schüler und Schülerinnen mit Förderbedarf, die inklusiv in allgemeinen Schulen unterrichtet werden, an allen Schülerinnen und Schülern mit Vollzeitschulpflicht in allgemeinbildenden Schulen der Primar- und Sekundarstufe I an.« (Hollenbach-Biele & Klemm, 2020, S. 9)
4 »Sie geben den Anteil der Schüler und Schülerinnen mit Förderbedarf, die separiert in Förderschulen unterrichtet werden, an allen Schülerinnen und Schülern mit Vollzeitschulpflicht in allgemeinbildenden Schulen der Primar- und Sekundarstufe I an.« (ebd.)

Kooperation, Sonderklassen, Integration in Regelklassen sowie Schwerpunktschulen« nach Blanck (2014, S. 4).

5.1.1 Der Übergang in die Grundschule

Die Probleme, die ein System bei so vielen Optionen mit sich bringt, zeigen sich v. a. an den Übergängen. Die deutsche Grundschule zeichnet sich durch zwei große institutionelle Übergänge aus, den Übergang in die Primarstufe und den Übergang in die Sekundarstufe. Beim Eintritt in die Schule stehen Familien vor der aktiven Entscheidung, welche Schule ihr Kind besuchen soll. Familien, die durch unterschiedliche Belastungsfaktoren auf Unterstützung bei dieser Entscheidung angewiesen sind, benötigen begleitende Maßnahmen, um eine Entscheidung treffen zu können.

Then und Pohlmann-Rother (2023) zeigen in ihrem Modell (▶ Abb. 5.1) die Vielfalt der Voraussetzungen und Anforderungen, die auf ein Kind, aber auch sein Umfeld im Übergang treffen.

Auf der individuellen Ebene sind Kind und Familien sowohl Adressatinnen und Adressaten (empfangende Persönlichkeit) als auch Akteurinnen und Akteure im Übergangsgeschehen (agierende Persönlichkeit). Weitere wichtige Personen finden sich bei den Peers, also den Gleichaltrigen, und den Fachkräften, sowohl auf Seiten der Vorschule/des Kindergartens als auch in der Schule. Die Ebene des Prozesses zeigt fünf Schlüsselprozesse:

1. eine adaptive Unterstützung des Kindes, welche langfristig angelegt ist und auf ein qualitativ hochwertiges Lernumfeld abzielt,
2. die Unterstützung und aktive Beteiligung der Familien/Eltern am Übergang,
3. die Interaktionen der Kinder untereinander,
4. die (multi-)professionelle Zusammenarbeit der Fachkräfte untereinander und mit anderen Diensten, etwa der Frühpädagogik,
5. die Koordination der beteiligten Institutionen in Bezug auf strukturelle, curriculare und pädagogisch-didaktische Fragen.

5 Bedingungen schulischer Inklusion in der Regel-Grundschule

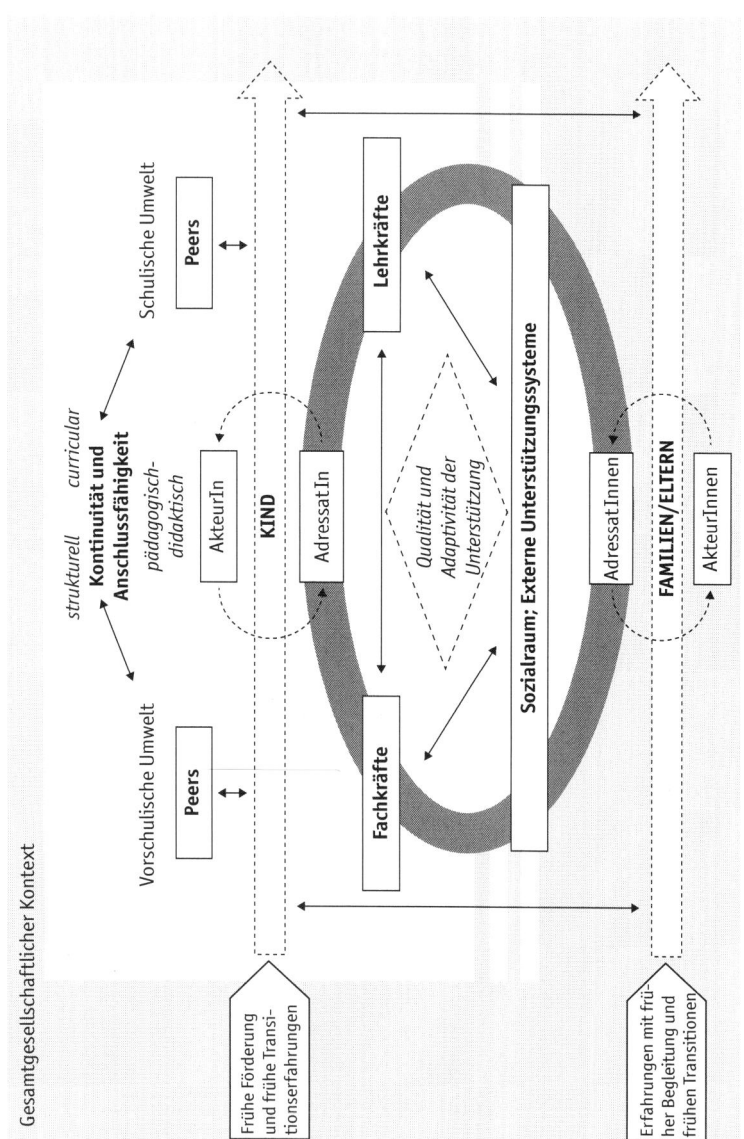

Abb. 5.1: Das generische Modell des inklusiven Übertritts in die Schule (Pohlmann-Rother & Then, 2023, S. 52)

Die dritte Ebene ist die Ebene der Gesellschaft insgesamt, in diesem Zusammenhang z. B. die Administration, welche durch die gesetzlichen Bestimmungen (z. B. Einschulungsalter, Existenz von Lehr- und Bildungsplänen, Möglichkeit schulischer Inklusion), aber auch Unterstützungsangebote (z. B. Unterstützung durch Fachkräfte der Frühförderung und durch Fachkräfte im Übergang, Angebot von Dolmetschern) wirksam wird (ausführlich hierzu Then & Pohlmann-Rother, 2023, Pohlmann-Rother & Then, 2023). Nicht zuletzt zeigt sie sich aber auch im herrschenden Zeitgeist als heimlicher Lehrplan oder Hidden Agenda, beispielsweise ob es eine breite gesellschaftliche Akzeptanz von Inklusion gibt oder nicht.

Häufig gibt es Beratungsangebote für den Schuleintritt, Informationen und Beratung durch den Kindergarten, die Schule, Angebote von Dolmetscherinnen und Dolmetschern. Es besteht durchaus die Gefahr, dass Exklusionsentscheidungen der jeweils zuständigen Sprengelschule, die von beratenden Diensten vor der Einschulung an die Familien herangetragen werden, die Eltern und deren Unterstützungssysteme nötigen, andere Beschulungsmöglichkeiten für ihr Kind zu suchen. Die Eltern nehmen die genannten Beratungsangebote häufig nicht selbstbestimmt wahr, sondern aufgrund von Ankündigungen, wie das Kind aufgrund seiner (diagnostizierten) Merkmale in der Schule empfangen werden würde. Dies bedeutet eine Ungleichbehandlung der Kinder, die vor der Einschulung Förderung erhalten haben. Denn wenn die Schule Kenntnis über die ergriffenen Maßnahmen hat, ist diesen Kindern womöglich der gleichberechtigte Zugang zum Schulsystem erschwert.[5]

Im Unterschied dazu sind nach dem Behinderungsbegriff, wie er in Deutschland gültig ist (▶ Kap. 3), Übergangsprobleme auf einstellungs- und umweltbedingte Faktoren und deren Wechselwirkungen mit den Funktionseinschränkungen des Kindes zurückzuführen. Insofern muss das aufnehmende System Unterstützungsmöglichkeiten

---

5 Für Unterstützung in diesem Teilkapitel danke ich Teresa Landwehrmann von der Arbeitsstelle Frühförderung Bayern für ihre wertvollen Anregungen und Ergänzungen.

bereitstellen, die den gleichberechtigten Zugang und die Teilhabe des Kindes ermöglichen. Das können etwa bauliche Maßnahmen, personale Ressourcen oder zusätzliche Lehrkräfte sein. Eine Einschulung in eine eventuell auch noch räumlich deutlich entferntere Förderschule bedeutet somit einen zu rechtfertigenden Eingriff in die Selbstbestimmungs- und Teilhabemöglichkeiten des Kindes nach § 1 des Bundesteilhabegesetzes (BTHG). Beispielsweise werden dadurch die sozialen Aktivitäten im nahen Umfeld in der Familie, in Vereinen, mit Freunden erheblich eingeschränkt.

Die Zuordnung von Schule und Kindergarten zu unterschiedlichen Ministerien (Bildung und Jugendhilfe) führt dazu, dass Informationen nur mit Schweigepflichtentbindung durch die Eltern weitergegeben werden können. Auch zwischen Institutionen, die einem Ministerium zugeordnet sind (z. B. Kindergarten und Frühförderung) ist der Austausch persönlicher Daten über die Familien nur mit Schweigepflichtentbindung (und Transparenz) gegenüber den Eltern möglich. Die Weitergabe von persönlichen Daten ist ein höchst sensibles Thema (▶ Kap. 8), v. a. wenn diese Daten zu Exklusionsentscheidungen führen, also eine Ungleichbehandlung von Kindern aufgrund persönlicher Merkmale nach sich ziehen.

Den Eltern von Kindern mit sonderpädagogischem Förderbedarf steht in einzelnen Bundesländern wie etwa Bayern an den Behörden (etwa dem Schulamt) eine Inklusionsberatung zur Verfügung, die die Möglichkeiten der Schullaufbahn aufzeigt.

Die meisten Kinder mit Förderbedarf besuchen einen Regelkindergarten (hierzu Kießling, 2013), aber es gibt je nach Bundesland unterschiedliche Maßnahmen der Frühförderung, die auf verschiedenen Rechtsansprüchen gründen[6]. In einzelnen Bundesländern, etwa Bayern, Schleswig-Holstein, Nordrhein-Westfalen oder Niedersachsen, gibt es Frühförderstellen, die medizinisch-therapeutische und heilpädagogische Leistungen koordinieren oder erbringen.

---

6 Sozialgesetzbuch Zwölftes Buch – Sozialhilfe (SGB XII), Rehabilitationsgesetz (SGB IX, § 30), Krankenversicherungsrecht (SGB V), für Kinder mit seelischer Behinderung im Kinder- und Jugendhilferecht (SGB VIII / KJHG).

Häufig werden die Leistungen der Frühförderung in Zusammenarbeit mit dem Regelkindergarten erbracht. Einzelne Bundesländer haben zudem eigene Kindergärten für Kinder mit Förderbedarf, in Bayern etwa die schulvorbereitenden Einrichtungen (SVE), und heilpädagogische Tagesstätten für Kinder mit Behinderung. Hier findet allerdings keine Frühförderleistung zusätzlich statt, da die Tagesstätten die erforderlichen Therapien und Fördermaßnahmen selbst zur Verfügung stellen. Zweifelsohne leisten diese Einrichtungen der Frühförderung eine wichtige Arbeit, doch es zeigt sich auch deutlich, dass die Kinder aus der Frühförderung eher in die Förderschule gehen als in die Regelschule (Graumann, 2004). Dieser Zusammenhang kann allerdings ebenso daraus resultieren, dass Frühförderung und Förderschule häufig eine Schnittmenge derselben Kinder betreuen. Es liegt also keine Kausalität, sondern eine Korrelation vor. Die Exklusion ergibt sich somit nicht aus den Maßnahmen der Frühförderung, die dazu gedacht sind, den Teilhabebedarf auszugleichen.

Zudem gibt es einige Evidenzen, dass die Einschulung an einem Förderzentrum mit dem Wohnort, also dem Angebot an Förderschulen, zusammenhängt. Man spricht hier von einem Pull-Effekt. Diesen weisen Ebenbeck et al. (2022) für Bayern nach. Doch auch die Diagnosepraxis hängt mit der Nähe zur Förderschule zusammen. Für Nordrhein-Westfalen konnten Goldan und Grosche (2021) zeigen, dass je geringer der räumliche Abstand zur nächstgelegenen Förderschule ist, desto mehr Schülerinnen und Schüler an den nahegelegenen Grundschulen als förderbedürftig diagnostiziert werden.

Die hohe Durchlässigkeit des Schulsystems, so Graumann (2004), bezieht sich nicht auf das Förderschulsystem, da es kaum Rückführungen aus der Förderschule an die Grundschule gibt. Dies stimmt umso nachdenklicher, als immer wieder darauf hingewiesen wird, dass Kinder aus sozioökonomisch schwächeren Schichten und Kinder mit Migrationshintergrund auf Förderschulen überrepräsentiert sind (zusammenfassend Serke, 2019, 39 ff.).

5.1.2 Lehrkräftebildung für Inklusion

Möglicherweise ist diese Problematik auch teilweise einem anderen Element der Makroebene geschuldet, der noch ausbaufähigen Kompetenz der (Grundschul-)Lehrkräfte. Für die erste Phase der Lehrkräftebildung, dem wissenschaftlichen Studium, sollen in allen Prüfungs- und Studienordnungen Themen der Inklusion benannt werden, was auch durch die KMK und die Hochschulrektorenkonferenz (HRK) in der gemeinsamen Empfehlung »Lehrerbildung für eine Schule der Vielfalt« (KMK & HRK, 2015) ausgedrückt wird. Diese Empfehlung benennt sehr konkret, dass alle Lehrkräfte »anschlussfähige allgemeinpädagogische und sonderpädagogische Basiskompetenzen für den professionellen Umgang mit Vielfalt in der Schule« (KMK & HRK, 2015, S. 3) in Aus-, Fort- und Weiterbildung erwerben sollen. Auch wird deutlich, dass ein weites Inklusionsverständnis adressiert ist, das vielfältige Heterogenitätsdimensionen umfasst.

2020 wurde der Stand der Umsetzung dieser Empfehlung evaluiert (HRK & KMK, 2020), wobei sich herausstellte, dass bereits vor 2015 etwa ein Viertel der befragten Hochschulen Inklusion als Leitziel in den Lehramtsstudiengängen verankert hatten und sich ab 2015 etwa die Hälfte der Hochschulen intensiv auf den Weg gemacht hatte. Hierzu trugen sicher auch die im Rahmen des Programms »Qualitätsoffensive Lehrerbildung« implementierten Maßnahmen bei. Auch die Institutionen für den Vorbereitungsdienst gaben an, die Thematik der Heterogenität und Inklusion zu 100 % aufzugreifen (HRK & KMK, 2020).

Allerdings ist die Umsetzung an den einzelnen Hochschulen sehr heterogen, und es ist dennoch fraglich, ob jede Lehramtsstudentin und jeder Lehramtsstudent über punktuelles Wissen hinausgehende Kompetenzen aufbauen können.

5.2 Mesoebene

Auf der Mesoebene betrifft die Frage nach den Bedingungen die einzelne Schule. Schulentwicklung hin zur Inklusion betrifft (wie jede Schulentwicklung) die drei Ebenen Personal, Organisation und Unterricht, und berücksichtigt auch das Umfeld (Rolff, 2018). Sonnleitner et al. (2021) stellen diese drei Ebenen in Anlehnung an Rolff in einer Grafik dar (▶ Abb. 5.2) und zeigen auf, dass die Organisationsentwicklung z. B. die Finanzierung von Umbaumaßnahmen sowie Material- und Medienausstattung durch den Sachaufwandsträger beinhaltet, aber auch die Nutzung von Unterstützungssystemen wie externen Fachkräften und Institutionen, gerade auch an den Übergängen.

Personalentwicklung resultiert aus der oben dargestellten Aus-, Fort- und Weiterbildung, zeigt sich aber auch in tragfähigen Teamstrukturen (z. B. Teamräume und Teamzeiten im Stundenplan).

Insgesamt soll sich die Schule durch ein inklusives Schulkonzept auszeichnen. Sonnleitner et al. (2021, S. 261) nennen als Kennzeichen

»Inklusion als Querschnittsaufgabe und Leitbild der Schulkultur, Schulleitung als Schlüsselposition in einem partizipativen Schulentwicklungsprozess, Klassengröße und heterogene Zusammensetzung der Lerngruppen, schulinterne Curricula für zieldifferentes Lernen, Barrierefreiheit im Schulhaus, Ganztagsangebot, Jahrgangsmischung«.

Um die eigene Schule einzuschätzen und Handlungsfelder zu definieren und zu bearbeiten, gibt es verschiedene Instrumente. Der Index für Inklusion (Booth & Ainscow, 2019, für Deutschland übersetzt und angepasst von Boban & Hinz, 2003) gilt als eines der bedeutendsten. Anhand von Leitfragen kann identifiziert werden, was bereits gut gelingt und was als nächstes umzusetzen wäre. Ein anderes Instrument ist die Qualitätsskala zur inklusiven Schulentwicklung QU!S (Heimlich et al., 2018), die Indikatoren definiert und erfassbar macht. Inklusive Schulentwicklung auf Einzelschulebene ist

5 Bedingungen schulischer Inklusion in der Regel-Grundschule

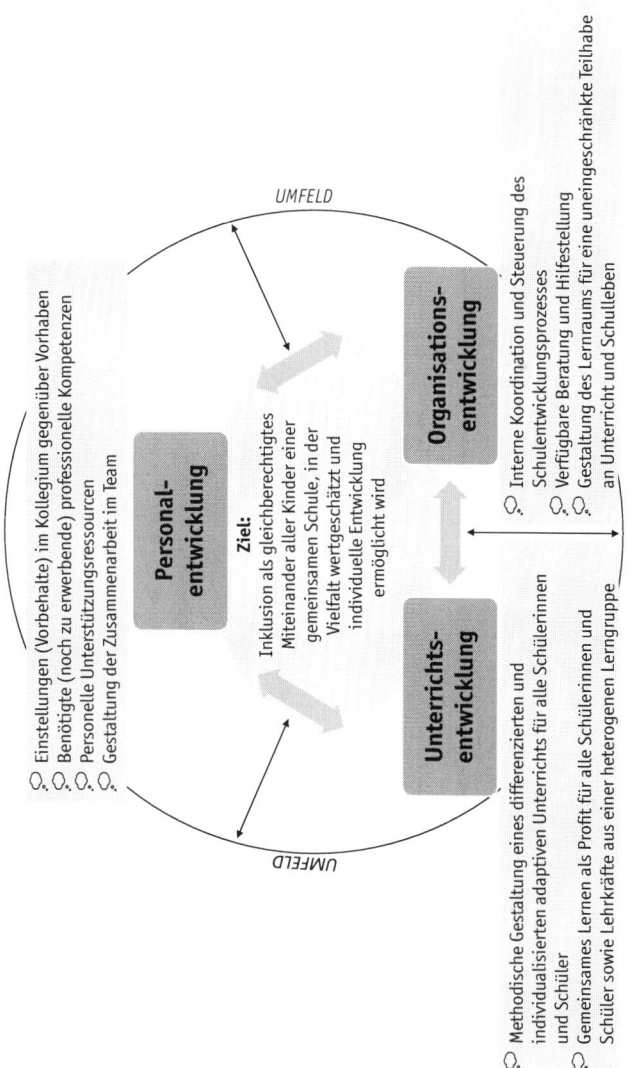

Abb. 5.2: Adaptiertes Drei-Wege-Modell der Schulentwicklung mit exemplarischen Entwicklungsimpulsen (Darstellung von Daniela Balk nach Sonnleitner et al., 2021, S. 241, in Anlehnung an Rolff 2016, S. 20)

auch ein Thema in den Bundesländern, wo es in unterschiedlichen Ausprägungen Unterstützung gibt.

Bei der Umsetzung von Inklusion ist die Ressourcenausstattung relevant. Es wird beispielsweise angenommen, dass Kinder mit schweren Behinderungen aufgrund einer nicht behindertengerechten Ausstattung der Regelschulen nicht integriert werden können. Dies betrifft sowohl die Barrierefreiheit von Räumen als auch pflegerische Tätigkeiten. Die FORSA-Umfrage von 2020 unter 2127 Lehrerinnen und Lehrern ergab, dass die Barrierefreiheit der Schulen seit 2015 leicht anstieg, interessanterweise war sie an Grundschulen nicht höher als an Gymnasien. Vollständige Barrierefreiheit gaben 10% der Grundschulen und 15% der Gymnasien an. Auch die Unterstützung vor Ort durch spezielles Personal war gestiegen. Aber dass die Mitglieder des multiprofessionellen Teams an jedem Schultag tatsächlich zur Verfügung stehen, konnten nur 10% der befragten inklusiv arbeitenden Grundschullehrkräfte angeben. So kommt es zu der Aussage, dass 56% der Lehrkräfte eine gemeinsame Beschulung grundsätzlich sinnvoll finden, von diesen allerdings nur 27% denken, dass dies praktisch sinnvoll umsetzbar ist. Die Umfrage wurde 2020 durchgeführt, als die Schutzmaßnahmen zur Corona-Pandemie zusätzlich das inklusive Unterrichten erschwerten (Forsa, 2020).

Eine entscheidende Variable für gelingende Inklusion ist zweifelsohne das Schulklima. In seiner Teilstudie aus dem BiLieF-Projekt (Bielefelder Längsschnittstudie zum Lernen in inklusiven und exklusiven Förderarrangements) stellt Serke (2019) fest, dass diejenigen inklusiv arbeitenden Grundschulen trotz hoher Risikofaktoren ein hohes Wohlbefinden bei den Schülerinnen und Schülern aufweisen, die sich durch eine inklusive Grundhaltung und dekategorisierende Sichtweisen auf allen Ebenen, von der Schulleitung bis zu den Lehrkräften, auszeichnen. Diese Haltung äußert sich auch auf der konkreten Unterrichtsebene, nämlich in der Bereitschaft »adaptive und zugleich kooperative Lernarrangements auf ausbalancierte Weise zu schaffen« (Serke, 2019, S. 550). Weitere Gelingensfaktoren, die die von Serke befragten Lehrkräfte nennen, sind Strategien des Classroom-Managements und multiprofessionelle Kooperation. Hier wird deutlich benannt, dass an diesen Schulen die Schulleitungen kooperationsförderliche Strukturen bewusst forcieren. Ein weiterer Pluspunkt auf der institutionellen Ebene sind Förderangebote und -strukturen, die Partizipation begünstigen. Tatsache ist: Eine Regelgrundschule wird nicht einfach eine inklusive Grundschule, nur weil sie eine heterogene Schülerinnen- und Schülerschaft unterrichtet. Es muss Personen in der Schule geben, die Schulentwicklungsprozesse anstoßen, koordinieren und verantworten. Schulentwicklungsprozesse hin zu Inklusion werden in Kapitel 6 genauer betrachtet (▶ Kap. 6).

5.3 Mikroebene

Auf der Mikroebene betreffen die Bedingungen der Inklusion den Unterricht. Inklusiver Unterricht ist v. a. heterogenitätssensibel und adaptiv. Zunächst einmal ist zu fragen, ob inklusiver Unterricht rechtlich überhaupt möglich ist. Definiert als gemeinsame Beschulung behinderter und nichtbehinderter Kinder im Sinne der UN-BRK stellen Steinmetz et al. (2021, S. 138) in ihrer Studie für Deutschland fest: »In der Mehrheit der Bundesländer besteht derzeit zwar ein Vorrang der gemeinsamen Beschulung von Kindern mit und ohne sonderpädagogischem Förderbedarf, allerdings wird dieser Rechtsanspruch durch diverse Vorbehalte eingeschränkt.« In fünf Bundesländern[7] hat der gemeinsame Unterricht keinen Vorrang. Ein vorbehaltloses Recht auf Inklusion gibt es nur in Bremen und Hamburg (ebd., S. 137). Der Ressourcenvorbehalt, wie ihn Berlin, Brandenburg, Mecklenburg-Vorpommern, Nordrhein-Westfalen und Thüringen formulieren, zeigt schon, dass inklusiver adaptiver Unterricht nicht die Regel ist, sondern von sächlichen, personellen und räumlichen Voraussetzungen abhängig ist, die vorhanden sind oder geschaffen

---

7 Baden-Württemberg, Bayern, Rheinland-Pfalz, Sachsen, Sachsen-Anhalt.

werden können (ebd., S. 138 f.). Es ist also eine Frage der finanziellen Ressourcen, ob inklusiver Unterricht stattfinden kann. Und gerade in Bundesländern, die Förderschul- und Regelschulsystem fast unverändert aufrechterhalten, ist das Geld (Personal, Ausstattung) in den Förderschulen gebunden. Insofern sind die Bedingungen für hochwertigen inklusiven Unterricht, der auf individuelle Diagnose, Förderung und Unterstützung setzt, denkbar schlecht, da »an den allgemeinen Schulen nicht genügend Lehrer:innen für die Gestaltung des inklusiven Unterrichts vorhanden sind« (ebd., S. 146). Dies ist aber ein wesentlicher Umsetzungsfaktor des inklusiven gemeinsamen Unterrichts.

Im gemeinsamen Unterricht sind adaptive Unterrichtsformen relevant. Für bestimmte Förderbedarfe benötigen Lehrkräfte zudem weitere Kompetenzen und Differenzierungsmöglichkeiten. Eine Bedingung des inklusiven Unterrichts betrifft auch die Möglichkeit der Lernzieldifferenz, also die rechtliche Bedingung, dass Schülerinnen und Schüler mit sonderpädagogischem Förderbedarf die curricular festgelegten Lernziele der Grundschule nicht erreichen müssen. Diese Möglichkeit ist in den Bundesländern in der Regel an die Feststellung des sonderpädagogischen Förderbedarfs gekoppelt, welche wie in Kapitel 3.2 dargestellt unterschiedlich geregelt ist (Wolf & Dietze, 2022).

Insgesamt lässt sich festhalten, dass günstige Bedingungen auf der Mikroebene, dem Unterricht, nicht gegeben sind, wenn sie nicht auch auf der Makro- und Mesoebene vorhanden sind. Und wie der Bericht von Steinmetz et al. (2021) zeigt, sind diese Bedingungen in deutschen (Grund-)Schulen meist nicht erreicht. Eine Möglichkeit auf der Makroebene könnte auch gezieltes Bildungsmonitoring sein. Eine sozialindexbasierte Schulfinanzierung wie in Hamburg kann hilfreich sein, damit Ressourcen an die Schulen kommen, die sie dringend benötigen (Morris-Lange, 2016).

An dieser Stelle sei erlaubt, die grundsätzliche Frage zu stellen, ob die »Grammatik der (Grund-)Schule« (Tyack & Tobin, 1994) nicht elementar verändert werden müsste. Sliwka und Klopsch (2020) weisen darauf hin, dass die Corona-Pandemie die traditionelle

Schulorganisation (feste Gruppengrößen, altersbasierte Klassenstufen usw.) herausgefordert und Schwachstellen offengelegt hat. Aber eigentlich ist es schon die Idee der inklusiven Schule, die die »Grammatik der (Grund-)Schule« (Tyack & Tobin, 1994) deutlich in Frage stellt. Eine zentrale Voraussetzung für die Einrichtung inklusiver Grundschulen erfordert eine Veränderung der Makroebene. Sliwka und Klopsch (2020) nennen vier Problemfelder, die nicht nur für die Schule »nach Corona«, sondern in meinen Augen bereits für die inklusive Schule gelten:

- von der Koexistenz hin zur Kokonstruktion von Lehrkräften
- vom summativen hin zum formativen Leistungsfeedback
- von der Koexistenz hin zur Partnerschaft zwischen Schule und Familie
- von einer abgeschlossenen hin zu einer hybriden, offenen Lernumgebung

Eine inklusive Schule, die allen Schülerinnen und Schülern in ihren Verschiedenheiten gerecht wird, zeichnet sich durch Lehrkräfte aus, die zusammenarbeiten und auch genügend Zeit dafür haben. Die Leistungen der Schülerinnen und Schüler werden in ihrer Prozesshaftigkeit wahrgenommen. Es wird eine Kultur des Gelingens etabliert, in der die Schülerinnen und Schüler Prüfungen ablegen, um ihr Können zu zeigen, und dies auch gespiegelt bekommen. Familien werden als Partner geschätzt und in ihrer jeweiligen Verschiedenheit und ihren Bedürfnissen ernst genommen. Die Lernumgebung ist offen gestaltet, es gibt offene Lernlandschaften. Außerschulische und digitale Lernumgebungen erweitern diese nach Bedarf.

Es geht, wie Sliwka und Klopsch (2020, S. 227) bezogen auf die Schule »nach Corona« schreiben, auch bei der Schaffung von Bedingungen für die inklusive Schule »nicht darum, einzelne Aspekte der Schule temporär zu verändern, sondern vielmehr darum, die beschriebenen vier fundamentalen Stränge, die die »Grammatik der Schule« prägen, neu aufzustellen und miteinander zu verweben«. Erst wenn auf der Makroebene diesbezügliche Veränderungen ermöglicht werden, ist inklusive Schulentwicklung möglich.

> **Wichtiges auf einen Blick**
>
> - Teilhabe, Wohlbefinden, Kompetenzerwerb und Bildung können als Ziele von schulischer Inklusion definiert werden.
> - Bedingungen von Inklusion können auf Makro-, Mikro- und Mesoebene von Schule plus Umfeld verortet werden.
> - Die Makroebene bezeichnet das komplette Schulsystem.
>   - Die verschiedenen Organisationsformen und die bundeslandspezifische Ausgestaltung schulischer Inklusion in Deutschland sorgen für Verwirrung und teilweise für Stagnation (Übergangsproblematik).
>   - Es werden zunehmend mehr Kinder mit Förderbedarf diagnostiziert. Sowohl die Inklusions- als auch die Exklusionsquote sind gestiegen.
>   - Die Förderschule ist wenig durchlässig, da es kaum Rückführungen aus der Förderschule an die Regelgrundschule gibt.
>   - Die Kompetenz der (Grundschul-)Lehrkräfte stellt eine wesentliche Bedingung für schulische Inklusion dar.
> - Die Mesoebene ist die Ebene der Einzelschule, die wiederum in Personal, Organisation und Unterricht aufgeteilt werden kann.
>   - Faktoren wie die barrierefreie Ausstattung sind ebenso wichtig wie eine inklusive Grundhaltung an der gesamten Schule (Ressourcen, Schulkonzept, Schulklima).
>   - Eine Schulleitung, die für etablierte Teamstrukturen und die Möglichkeit multiprofessioneller Kooperation sorgt, ist ein wesentlicher Gelingensfaktor.
> - Die Mikroebene ist die Ebene des (inklusiven) Unterrichts.
>   - Es sind nicht überall in Deutschland Bedingungen (Ausstattung und Personal) gegeben, dass inklusiver Unterricht gelingen kann.

- Wichtig ist adaptiver Unterricht, der an die individuellen Lernvoraussetzungen der Schülerinnen und Schüler anknüpft.
- Eine rechtliche Bedingung ist die Möglichkeit lernzieldifferenter Unterrichtung.

Reflexionsaufgaben

1. Beschäftigen Sie sich mit dem Schulsystem von Ländern mit einer hohen Inklusionsquote (z. B. Island mit einer Inklusionsquote von 98 %, suchen Sie im Internet nach den Begriffen »Island«, »Schulsystem«, »Inklusion«). Welche Faktoren auf der Makroebene sind hier anders als in Deutschland?
2. Beschäftigen Sie sich auch mit Schulsystemen, bei denen die Inklusion noch weniger ausgeprägt ist als in Deutschland (z. B. im Weltbildungsbericht der UNESCO, 2020, den Sie im Internet finden). Was gelingt Deutschland schon gut? Was empfiehlt die UNESCO? Was können wir (als Land, als Schule, als einzelne Lehrkraft) davon umsetzen und daraus lernen?

6 Schulentwicklung in der inklusiven Grundschule

Wie bereits im vorherigen Kapitel angesprochen, ist Schulentwicklung essenziell, um eine Grundschule hin zu einer inklusiven Grundschule zu verändern. Trotz der konstatierten Probleme auf der Makroebene wird im folgenden Kapitel die Entwicklung von Einzelschulen in den Blick genommen. Es darf nicht vergessen werden, dass sich gerade im Grundschulbereich viele Schulen sehr engagiert auf den Weg machen. Verstanden wird unter »inklusiver Schulentwicklung« wie bei Sonnleitner et al. (2021, S. 239) beschrieben

> »ein dauerhaft und systematisch angelegter Veränderungsprozess der Einzelschule [...] mit dem übergeordneten Ziel, Inklusion als Miteinander aller Lernenden auf organisatorischer, unterrichtlicher und personeller Ebene zu realisieren. Durch die Wertschätzung von Vielfalt sowie die Ermöglichung des individuellen Fortkommens sollen die Lernbedingungen aller Schüler:innen verbessert werden«.

Wie in der Definition sichtbar wird, ist der Schulentwicklungsprozess ein systematischer Vorgang. Unter »systematisch« wird eine (Schulentwicklungs-)Planung verstanden, die eine Analyse des Ist-Standes, die Planung der Schritte und die Überprüfung der Aktionen beinhaltet. Erkennbar wird an der Definition auch der zugrunde liegende weite Inklusionsbegriff bzw. der Blick auf alle Kinder.

6.1 Entwicklung einer Zielvorstellung

Es gibt bereits einige Zusammenfassungen von Indikatoren, die inklusive Schulen definieren, niedergelegt in verschiedenen Dokumenten, etwa dem »Index für Inklusion« (Booth & Ainscow, 2019), der »Qualitätsskala zur inklusiven Schulentwicklung« (QU!S) (Heimlich et al., 2018), in Publikationen wie »Inklusive Didaktik. Bausteine für eine inklusive Schule« (Reich, 2014) oder der Zusammenstellung der Kriterien für Jakob-Muth-Preisträger-Schulen »Sieben Merkmale guter inklusiver Schule« (Diekmann, 2016). Derartige Indizes oder Kataloge dienen dazu, schulische Inklusion zu operationalisieren und überprüfbar zu machen und können in Schulentwicklungsprozessen als Richtungsvorgabe herangezogen werden. Die einzelnen Indikatoren sind sich ähnlich, zeigen aber in ihren Einzelaussagen auch die dahinterstehende Haltung. So beinhaltet beispielsweise der Index für Inklusion mehr die Haltung eines weiten Inklusionsbegriffs (exemplarisch etwa in Item A2.1 f: »Geht es bei Inklusion um alle, und nicht nur um Schüler*innen mit Beeinträchtigungen oder um Schüler*innen mit einem zugeschriebenen sonderpädagogischen Förderbedarf bzw. individuellen Bildungsbedarf?«, Booth & Ainscow, 2019, S. 116). Die QU!S, entstanden aus dem sogenannten »bayerischen Weg« (Heimlich et al., 2016), hat eher einen Fokus auf Kinder mit sonderpädagogischem Förderbedarf, folgt also einem engen Inklusionsbegriff. Somit ist die Entscheidung, welche Kriterien jede Schule selbst für ihre Schulentwicklung anlegt, immer davon abhängig, welche Vision von Schule angezielt ist.

Ein Schulentwicklungsplan startet sinnvoll mit einer Vision, der Zielvorstellung einer inklusiven Schule. Diese Zielvorstellung kann aber nicht im Ungefähren bleiben, sondern sollte konkret formuliert werden. Man darf hierbei nicht vergessen, dass, wie oben dargestellt, die Bedingungen für die einzelnen Schulen sehr unterschiedlich sind und daher auch die Ziele, die gesetzt werden, differieren.

Jede Schule benötigt ein Leitbild. Dieses sollte möglichst partizipativ entwickelt und getragen werden. Entscheidet sich eine

Grundschule für die Vision von Inklusion, so sollte diese Vision von den meisten Beteiligten (Hausmeisterin und Hausmeister, Schülerinnen und Schüler, Lehrkräften...) geteilt werden. Visionsentwicklung ist auch Wertearbeit und selbst mit Personen, die ablehnend oder skeptisch sind, sollte Konsens darüber gefunden werden, dass es zumindest einzelne Bereiche gibt, in denen Werte geteilt werden. Der »Nordstern Inklusion«, so eine häufig gebrauchte Metapher von Hinz (2014), ist definitionsgemäß ein entferntes Ziel, das eine Einrichtung aber immer vor Augen haben sollte. Der Weg dorthin sollte von vielen abgesichert werden, so dass diese Vision nicht verloren geht, sobald etwa bestimmte Personen die Schule verlassen. Veränderungsprozesse werden oft von engagierten Einzelpersonen getragen. Bei einer inklusiven Schulentwicklung kann das eine überzeugte Schulleitung sein, mitunter ist der konkrete Auslöser für diesen Prozess auch die Aufnahme eines bestimmten Kindes mit sehr engagierten Eltern. Doch der Prozess darf nicht allein von einzelnen Personen abhängen, auch wenn sie als »Gatekeeper of Change« (Richardson, 1987) zunächst sehr wichtig sind.

Insofern kann der Schulentwicklungsprozess nach der Entwicklung einer Vision darin bestehen, den Ausgangsstand zu analysieren, die Schritte, die von da aus in Richtung Vision nötig sind, zu betrachten und diese so zu operationalisieren, dass sie unabhängig von bestimmten Personen weiterlaufen.

6.2 Etablierung einer Steuergruppe

Für jeden inklusiven Entwicklungsprozess inspirierend ist der Ansatz des Innovation Hub Inklusion (Melzer et al., 2022), der sich nicht nur an Schulen wendet. Es handelt sich um eine Vernetzungsplattform, die Impulse für inklusive Innovationsprozesse bietet. Die Autorinnen und Autoren orientieren sich an den Erkenntnissen der Innovationsforschung und schlagen einen Problemlösungskreislauf in Anlehnung an Vaishnavi und Kuechler (2015) vor:

> »Dieser hält fest, dass im Kontext von Problemlösung grundsätzlich die Schritte 1) Etablierung des Problembewusstseins, 2) Identifizieren von Vorschlägen zur Problemlösung in der Form von Lösungs- und Evaluationsstrategien, 3) Entwicklung der ausgewählten Lösungsstrategien in eine konkrete Umsetzung, und 4) Evaluation der erfolgten Umsetzung iterativ durchlaufen werden, bis ein zufriedenstellendes Ergebnis erreicht wurde« (Melzer et al., 2022, S. 10).

Bei einem derartigen Problemlösungskreislauf ist auch relevant, außerschulische Kooperationen und Netzwerke zu berücksichtigen, denn der Sozialraum einer Schule gehört auch zu den Bedingungen schulischer Inklusion und kann enormes Unterstützungspotential entwickeln. Projekte wie »InPrax« aus Schleswig-Holstein zeigen, wie eine Inklusionsorientierung auf Ebene eines Bundeslandes und Inklusionsorientierung einzelner Schulen, Zentren und Regionen Hand in Hand gehen (Hinz & Kruschel, 2017).

Der iterative Planungsprozess inklusiver Schulentwicklung geht im Idealfall in einem Team, beispielsweise einer Steuerungsgruppe, vonstatten. Diese Gruppe kann Verbindlichkeit für alle Beteiligten erreichen. Melzer et al. (2022) nennen als wesentliche Elemente eines solchen kooperativen Gestaltungsprozesses die Prosocial-Kern-Gestaltungsprinzipien in Anlehnung an Hanisch et al. (2020), abgeleitet aus dem Prosocial-Ansatz der Wirtschaftsnobelpreisträgerin Ostrom (2010). Wesentliche Elemente einer solchen Gruppe sind in Anlehnung an Hanisch et al. (2020, S. 5):

> »Kooperation innerhalb der Gruppe
>
> 1. Klare Gruppenidentität und gemeinsame Ziele
> 2. Gerechte Verteilung von Kosten und Nutzen
> 3. Inklusive und gerechte Entscheidungsfindung
> 4. Transparenz und Monitoring von Verhalten und Umwelt
> 5. Feedback auf hilfreiches und nicht hilfreiches Verhalten
> 6. Schnelle und gerechte Konfliktlösung

Kooperation zwischen Gruppen

7. Autonomie der Gruppe
8. Beziehungen mit anderen Gruppen« (Melzer et al., 2022, S. 9)

Rolff (2018, S. 42) weist darauf hin, dass Steuergruppen auch gestaltend tätig sind und der Begriff »Gestaltungsteam« passend sein könnte. Wichtig ist, dass das Gestaltungsteam ausgewogen gemischt ist und durchaus auch Skeptikerinnen und Skeptiker beteiligt sein können. Bei Grundschulen mit kleinen Kollegien – Rolff (2018) nennt weniger als zehn Lehrkräfte – kann die Steuergruppe eine kleine repräsentative Gruppe von etwa drei Personen sein. Wichtig ist das eindeutige Mandat sowohl aus und gegenüber dem Kollegium als auch gegenüber der Schulleitung.

Für die Bestandsaufnahme und Erarbeitung von Entwicklungsschwerpunkten gibt es einige hilfreiche Instrumente wie SEIS (Selbstevaluation der Schulen, Stern et al., 2006), die in Rolff (2018) zusammengefasst werden.

6.3 Der Schulentwicklungsprozess

Inklusive Schulentwicklung erfordert vielfältige Veränderungen. Die Entwicklungsschwerpunkte werden in der Regel in Abhängigkeit vom Umfeld auf den drei Ebenen Personalentwicklung, Unterrichtsentwicklung und Organisationsentwicklung angesetzt (Sonnleitner et al., 2021). Schwerpunkte von Personal- und Unterrichtsentwicklung werden in den nächsten Kapiteln noch angesprochen, daher geht es im Folgenden um Organisationsentwicklung sowie um den Einbezug des Umfeldes. Hierbei wird der Fokus auf die Vision gerichtet – also die Frage, was auf Ebene der Organisation und des Umfeldes bei inklusiver Grundschulentwicklung möglich wäre. Konkrete Hilfen zum Schulentwicklungsprozess finden sich in verschiedenen Publikationen, etwa bei Rolff (2018) und in kurzer Zusammenfassung bei Sonnleitner et al. (2021). Es darf nicht vergessen werden, dass Schulentwicklung ein Prozess ist (siehe auch das Modell von Markowetz, 2016 ▶ Abb. 2.1) und es auch in der Schulentwicklung eine »Zone der nächsten Entwicklung« gibt. Ähnlich den Diagnosefragen von Dehn (▶ Kap. 7.5) kann man sich auch für Schulen fragen: Was läuft schon gut? Was muss sich ändern? Was kann als nächstes geändert werden?

Qualitätsmanagement
Strategie: kontextuale Integration, Balance und Abfolgelogik
B-I-O-Strategie *PLUS*

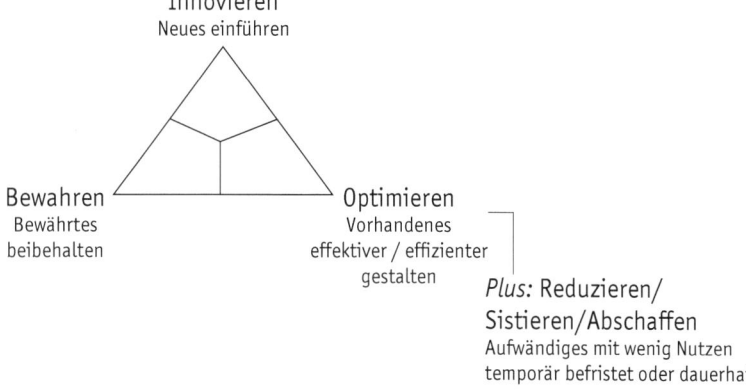

Abb. 6.1: B-I-O-Strategie PLUS (Huber, Stephan Gerhard (2023). »Abb.1 Bioplus – Triade: Bewahren, Innovieren, Optimieren plus Sistieren« in Zukunft der Bildung – Schule der Zukunft: Bildung 5.0? Trends, Herausforderungen und Empfehlungen für strategisches Handeln in der Balance von Bewahren, Innovieren und Optimieren für Bildungsinnovation und -qualität. Konferenz EduTrends. Luxemburg: Ministère de l'Éducation nationale, de l'Enfance et de la Jeunesse, pp. 7–11)

Hierbei kann auch die B-I-O-Strategie PLUS von Huber (2023) helfen. B-I-O steht für Bewahren, Innovieren und Optimieren. Es ist also angezeigt, zu überlegen, was und wieviel man beibehalten, was und

6.3 Der Schulentwicklungsprozess

wieviel man neu einführen und was und wieviel man verbessern möchte. Da Ressourcen knapp sind, kann zudem darüber nachgedacht werden, Aufwändiges und wenig Nutzbringendes aufzugeben. Diese Triade (▶ Abb. 6.1) kann unterschiedlich gewichtet werden. Es gibt beispielsweise Schulen, die bereits sehr viel angestoßen haben und daher ihren Schwerpunkt auf das Bewahren legen können, wohingegen andere Schulen viel innovieren müssen und hierauf den Fokus setzen.

Eine sehr inspirierende Publikation zur Umsetzung inklusiver Schulentwicklung ist das Buch »Inklusive Didaktik in der Praxis: Beispiele erfolgreicher Schulen« (Reich, 2017). Der Autor stellt zunächst zehn Bausteine vor, die verdeutlichen, in welche Richtung sich Schulen auf dem Weg zur Inklusion entwickeln können. An den Beispielen verschiedener Schulen werden die Bausteine konkretisiert.

Es sind diese Bausteine genannt:

- Baustein 1: Beziehungen und Teams
- Baustein 2: Heterogenität, Demokratie und Partizipation
- Baustein 3: Chancengerechte Qualifikation
- Baustein 4: Ganztag
- Baustein 5: Förderliche Lernumgebung
- Baustein 6: Förderbedarf ohne Stigmatisierung
- Baustein 7: Neues Beurteilungssystem
- Baustein 8: Neue Schularchitektur
- Baustein 9: Öffnung in die Lebenswelt
- Baustein 10: Beratung, Supervision, Evaluation (Reich, 2017, S. 15 ff.)

Es wird deutlich, dass bei einer ernst gemeinten inklusiven Schulentwicklung auch auf Ebene der Einzelschule die »Grammatik der Schule« verändert wird. Anstatt bei hoher Heterogenität an Exklusion und Separation zu denken, muss die Schule einen integrierenden partizipierenden Ansatz planen. Im staatlichen Schulsystem ist dies für Grundschulen oftmals noch leichter möglich als für weiterführende Schulen. Um in der Grundschule fördernd und differenzierend lernen zu können, sollte der ganze Tag rhythmisiert gestaltet sein. Die Idee einer Halbtagsgrundschule, vielleicht ergänzt durch additive Angebote für einzelne Gruppen, müsste daher aufgebrochen werden. Des Weiteren laufen summative Lernzielkontrollen einer inklusiven Idee zuwider. Vor allem aber müssen die Schülerinnen und Schüler dazu ermächtigt werden, die ihnen gestellten Aufgaben zu schaffen und zu bestehen. In der Grundschule erwerben Kinder die grundlegenden Qualifikationen für die Teilhabe an unserer Gesellschaft. Hier darf Scheitern überhaupt keine Option sein. Dass dies nicht erreicht wird, zeigt etwa der IQB-Bildungstrend 2021: Der Anteil an Schülerinnen und Schülern, die nicht einmal die Mindeststandards erreichen, liegt insgesamt bei fast 19 % im Lesen, 18 % im Zuhören, etwa 30 % in der Orthografie und fast 22 % im Fach Mathematik (Stanat et al., 2022, S. 281) Dies betrifft erneut besonders Kinder mit ungünstigen sozialen Voraussetzungen sowie Migrationshintergrund.

6.4 Inklusive Schulräume

Ein wesentlicher Aspekt der inklusiven Schule ist, geeignete Räume bereitzustellen. Eine inklusive Schule ist ein Lebensraum, und viele Schulen finden gerade im Bereich der Architektur kreative Lösungen. Lorenz und Höhne zeigen in ihrem Forschungsbericht, wie »Bildungsbauten als Lern- und Lebensräume der Zukunft« (Lorenz & Höhne, 2017, S. 5) unter Einhaltung der Brandschutzbestimmungen gestaltet werden können.

Eine relativ niedrigschwellige und dadurch weit verbreitete Umsetzung inklusiver Raumgestaltung ist das Churermodell[8] (Pool Maag, 2017). Es zielt auf Binnendifferenzierung und beinhaltet eine Veränderung der Gestaltung und Möblierung des Klassenzimmers. Es lässt sich von einzelnen Lehrkräften auch ohne Veränderung der

---

8 https://www.churermodell.ch

Schularchitektur bewerkstelligen. Die Idee ist angelehnt an das Lernen im Kindergarten. Die Sitzordnung im Klassenzimmer ist nicht zur Tafel ausgerichtet, sondern der Stuhlkreis ist das zentrale Element. Es werden Zonen für das eigenständige Lernen ausgewiesen. Gemeinsame Vermittlungsphasen finden im Kreis statt. Die sich anschließenden Lernaufgaben sind differenziert, und die Kinder können frei ihren Platz, ihr Lernangebot oder Partnerin und Partner wählen. Die Lehrkraft kann Lernangebote planen und steuernd eingreifen. So bietet diese Anordnung Möglichkeiten für verschiedene Arbeitsweisen und Fördermöglichkeiten und einen guten Ausgangspunkt für inklusiven Unterricht.

Deutlich weitreichender ist eine architektonische Umgestaltung einer Schule in »Cluster/Lernhäuser« oder »Lernlandschaften«. Schulbauforschung wird in der Regel von Architektinnen und Architekten durchgeführt und fokussiert beispielsweise auf die Reduzierung von Lärm, was zweifelsohne für Lehrkräfte sehr relevant ist (Stadler-Altmann, 2016). Auch die architektonische Schulbauforschung folgt der Prämisse »Neues Lernen erfordert neue Räume« (Hübner, 2016, S. 114). Lernlandschaften, wie Hübner sie vorschlägt, zeichnen sich durch flexible Räume aus. Gut sind Raumstrukturen mit Clustern, etwa für die Klassen einer Jahrgangsstufe. Die Räume werden differenziert ausgestattet und genutzt. In den Klassenräumen gibt es flexible Möbelsysteme.

Als Beispiel kann man das Münchner LERNHAUS (Seydel, 2014) nennen. Eigentlich v. a. für den Ganztag konzipiert, schafft diese Architektur auch sehr gute Bedingungen für Inklusion. Die gemeinsame Mitte ist der wichtigste Baustein, um den herum sich in der Grundschule vier Unterrichtsräume anordnen. Zudem gibt es Differenzierungsräume, ein Teamzimmer, einen Lagerraum, eine Garderobe und einen eigenen Zugang, der den »massiven Sozialstress in der Nadelöhr-Situation eines Haupteingangs« (ebd., S. 10) vermeidet. Man muss nicht neu bauen, auch konventionelle Flurschulen können umgestaltet werden. Im LERNHAUS werden viele Elemente verwirklicht, die auch für eine gute inklusive Schule gelten. Die Lehrkräfte arbeiten in Teams, welche auch für die Schülerinnen und

Schüler sichtbar und transparent sind. Die Räume des Lernhauses bieten die Möglichkeit, sowohl verschiedene Lernsituationen anzuregen als auch zu differenzieren und zu fördern. Für Kinder gibt es Rückzugsmöglichkeiten ebenso wie Möglichkeiten der Aktivität. Noch weiter im inklusiven Schulhausbau geht z. B. die Rolleston School in Neuseeland[9] (Sliwka & Klopsch, 2022). Rolleston School und Rolleston College sind nach dem Prinzip des Universal Design gebaut; die Grundschule orientiert sich an der Reggio-Pädagogik[10]. Die Schule besteht aus mehreren Häusern und einem Mittelteil. Sie ist jahrgangsgemischt und inklusiv. An dieser Schule zeigt sich, dass die Architektur einen der pädagogischen Leitidee dienenden Charakter hat. Im College gibt es verschiedene Lernformate (Ako Learning als individualisiertes Lernprogramm und Lernen der Kernfächer im eigenen Haus, Connected Learning als Lernzeit für fächerverbindende Projekte, Selected Learning als Wahlpflichtprogramm nach eigenem Interesse). Die Schülerinnen und Schüler wechseln für die Kurse auch die Gruppen, die Häuser sind sehr heterogen zusammengestellt. Auch das Angebot variiert, so dass man sowohl vorrangig akademisch ausgerichtete Kurse (etwa Selected Japanisch) als auch sehr praktische Kurse (etwa Selected Kulinaristik) wählen kann. Bei den Raumveränderungen ist auch die Barrierefreiheit zu berücksichtigen.

Die Beispiele zeigen, dass inklusive Schulentwicklung sehr viele Bereiche tangiert, die auch miteinander verschränkt sind: Verlässlicher Ganztag erfordert eine neue Raumstruktur, Zusammenarbeit in multiprofessionellen Teams benötigt Zeit und Raum für Austausch. Wichtig ist, den Prozess der Schulentwicklung in kleine Schritte aufzuteilen, etwa in Jahresziele. Wie die Ziele genau formuliert sind, ob SMART (Spezifisch, Messbar, Attraktiv, Realistisch, Terminiert), mit dem Zielkreuz (Sinn und Zweck, Zielgruppe, Maßnahmen, Erfolgskriterien) (LiGa, 2020) oder einer anderen Methode, wichtig ist,

---

9 https://www.rolleston.school.nz
10 Die Reggio-Pädagogik wurde in der italienischen Stadt Reggio Emilia entwickelt und verfolgt einen stärkenorientierten Ansatz der individuellen Unterstützung, in dem sich Kinder als Teil des Gemeinwesens erleben.

6.4 Inklusive Schulräume

dass Meilensteine auf dem Weg zum »Nordstern Inklusion« definiert werden und ihr Erreichen festgehalten und gewürdigt wird.

Wichtiges auf einen Blick

- Schulentwicklung ist ein dauerhafter und systematischer Prozess (Analyse des Ist-Standes, Planung der Schritte, Überprüfung der Aktionen).
- Es gibt Indizes, die Kriterien inklusiver Schulentwicklung zusammenfassen (etwa den Index für Inklusion oder die QU!S) und an denen der eigene Schulentwicklungsprozess orientiert werden kann.
- Die Vision der Schulentwicklung sollte allen Akteurinnen und Akteuren an der Schule bekannt sein und von möglichst vielen Personen geteilt werden.
- Eine Steuer-/Gestaltungsgruppe kann der Motor von Planung und Überprüfung der Schulentwicklung sein.
- Entwicklungsebenen sind Personalentwicklung, Unterrichtsentwicklung, Organisationsentwicklung.
- Inklusive Raumgestaltung ist auch in Bestandsschulen möglich (etwa nach dem Churermodell oder dem Münchner LERNHAUS).
- Die Ziele der Schulentwicklung müssen in kleinen Schritten überprüfbar formuliert werden.

Reflexionsaufgaben

1. Denken Sie an Ihre Schule: Woran merkt man bereits beim Betreten der Schule, welche Leitidee an dieser Schule herrscht?
2. Woran würde man beim Betreten merken, dass es sich um eine inklusive Schule handelt? Was müsste man ggf. verändern?
3. Inwiefern sind die Zusammenarbeit und das Verhältnis unter den Erwachsenen Ihrer Schule ein gutes Modell für die Kinder? Was müsste man ggf. verändern?

7 Unterrichtsentwicklung

Wie bereits oben ausgeführt, sind die deutschen Grundschulen nicht erfolgreich in der Förderung von Kindern mit schwächeren Lernvoraussetzungen (Stanat et al., 2022). Auch die Ausleseorientierung nimmt noch viel Raum ein. Um dem entgegenzuwirken, wäre eine Grundvoraussetzung die gedankliche Veränderung, dass Grundschulen in erster Linie zu Orten des Könnens werden. Leistungsbeurteilungen würden dann dem eigenen Lernen dienen. Hierbei wäre nicht Auslese das Ziel, sondern dass alle Kinder so gefördert werden, bis sie die Ziele (beispielsweise die Bildungsstandards) erreichen. Prüfungen könnten im Sinne einer Führerscheinprüfung dann abgelegt zu werden, wenn man die Kompetenzen erworben hat. Sliwka und Klopsch (2022) nennen dies für »Deeper Learning« als eine Perspektive im Fokus »Chancengerechtigkeit«: Die Lernenden können »unabhängig von sozio-ökonomischen Status und Lernniveau ihre individuellen Fähigkeiten und Kompetenzen entwickeln« (Sliwka & Klopsch, 2022, S. 184). Sie können nicht scheitern. Die Kinder bekommen beispielsweise so lange Sprachförderung, bis sie die angezielte Sprachkompetenz erworben haben. Es gibt nicht die Option, das Ziel nicht zu erreichen, da Sprachkompetenz für jede Lernerin und jeden Lerner relevant ist.

Das bereits beim Kapitel zur Schulentwicklung dargestellte Aufbrechen von Klassenstrukturen und das daraus resultierende flexible Gruppieren etwa im LERNHAUS tragen dazu bei, dass Lehrkräfte im Team zusammenarbeiten können und den Schultag entsprechend rhythmisieren. So können einzelne Lerneinheiten im Klassenverband stattfinden und andere in differenzierten Gruppen. Die Differenzierung kann nach Interessen geschehen, aber durchaus auch Einzelförderung enthalten.

7.1 Response to Intervention

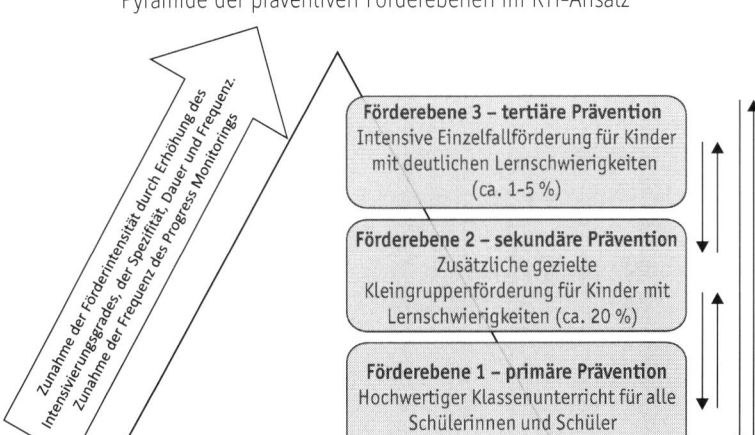

Abb. 7.1: Förderebenen des RTI (nach Blumenthal, Y., Kuhlmann, K. & Hartke, B. (2014). Diagnostik und Prävention von Lernschwierigkeiten im Aptitude Treatment Interaction- (ATI-) und Response to Intervention- (RTI-) Ansatz. In M. Hasselhorn, W. Schneider & U. Trautwein (Hrsg.), *Lernverlaufsdiagnostik*. Hogrefe, S. 71)

Gezielte Früherkennung und Prävention im Sinne von Response to Intervention (RTI) ist u. a. in den USA sehr verbreitet. Darunter versteht man ein gestuftes Fördersystem (Blumenthal et al., 2014), wie in Abbildung 7.1 dargestellt. Die Förderebene 1 ist ein gut strukturierter, der individuellen Lernentwicklung angepasster Unterricht, der laut Annahme des RTI-Ansatzes bei 80 % der Kinder zu Erfolgen führt. Etwa 20 bis 30 % der Kinder einer Klasse benötigen zusätzliche, gezielte Förderung im Sinne der sekundären Prävention. Vorgeschlagen wird eine Förderung in Kleingruppen (höchstens acht Kinder) über einen Zeitraum von acht bis 20 Wochen, etwa drei bis fünf Mal pro Woche zwischen 20 und 40 Minuten. Etwa 1 bis 5 % einer

Klasse werden auf der Förderebene 3 mit einer individualisierten Förderung unterstützt. Diese Förderung findet täglich in Kleinstgruppen (bis zu vier Kindern) statt und basiert auf einem Förderplan mit individuellen Förderzielen. Trotz der Wirksamkeit zur Prävention von Lernschwierigkeiten ist der RTI-Ansatz in seinem diagnostischen Vorgehen umstritten, u. a. weil es keine standardisierten Kriterien für die Zuweisung zu den Förderebenen gibt und auch die Gründe für die Lernschwierigkeiten der Kinder nicht deutlich sind. In Deutschland wird das RTI-Modell auf der Insel Rügen als Rügener Modell in den allgemeinen Regelschulklassen der öffentlichen Grundschulen durchgeführt und zeigt Erfolge (Voß et al., 2016). Das RTI-Modell ist voraussetzungsreich und erfordert sehr gut ausgebildete Lehrkräfte, und zwar bereits auf Ebene 1 für den evidenzbasierten hochwertigen Klassenunterricht.

7.2 Unterrichtsplanung mit inklusionsdidaktischen Netzen

Hochwertiger inklusiver Unterricht hat den Anspruch, Lernende auf allen Kompetenzstufen zu erreichen. Der Unterricht muss also differenziert, individualisiert und adaptiv geplant werden. Hierzu gibt es verschiedene etablierte Planungsinstrumente.

Inklusionsdidaktische Netze (Heimlich & Kahlert, 2012) sind v.a. für den Sachunterricht eine verbreitete Planungshilfe. Sie erweitern die für den perspektivenvernetzenden Sachunterricht entwickelten didaktischen Netze mit den inhaltlichen Lernbereichen Technik, Sozialwissenschaft, Geschichte, Geografie und Naturwissenschaften um Entwicklungsbereiche (Sensomotorische Aspekte, Kognitive Aspekte, Soziale Aspekte, Kommunikative Aspekte, Emotionale Aspekte). Bei der Planung des Sachunterrichts kann das Lehrkräfteteam Schwerpunkte setzen, beispielsweise ausgewählte Inhaltsbereiche sowie

7.2 Unterrichtsplanung mit inklusionsdidaktischen Netzen

Entwicklungsbereiche. Beim Thema Wasser könnten etwa aus der Perspektive Technik die Trinkwasserversorgung und bei den sensomotorischen Aspekten das Spüren des Auftriebs gewählt werden. Die inklusionsdidaktischen Netze eignen sich für eine Zusammenstellung von Themen und inhaltlichen Aspekten sowie Herangehensweisen zu verschiedenen Themenbereichen, also am ehesten zur Grobplanung einer Sequenz. Wie man die Inhalte aus dieser Sammlung kleinschrittig differenziert oder adaptiv anpasst, dazu liefern sie zunächst keine Hilfe.

Mittlerweile gibt es für die inklusionsdidaktischen Netze Erweiterungen und Adaptionen. So hat Gietl (2022) die inklusionsdidaktischen Netze+S zur sprachsensiblen Planung entwickelt. Sie erweitert die Netze um Sprachreflexionskategorien (Sprech- und Schreibmotorik, Sprachenvielfalt und Sprachenspiel usw.), um diese Aspekte in die Planung sachunterrichtlicher Einheiten einzubeziehen.

Auch Rank und Scholz (2017) adaptieren die inklusionsdidaktischen Netze und betten sie in eine schrittweise Unterrichtsplanung ein. Diese Planungsschritte sind:

- Schritt 1: Die Lernvoraussetzungen der Kinder klären
- Schritt 2: Die Sache durchdringen und analysieren
- Schritt 3: Elementarisieren des zugrunde liegenden Phänomens
- Schritt 4: Individualisiert und differenziert am gemeinsamen Thema lernen

Bei Schritt 2 und 3 nutzen Rank und Scholz ein adaptiertes didaktisches Netz (▶ Abb. 7.2). An diesem Netz ist erkennbar, wie der Lerngegenstand anhand der sachunterrichtlichen Perspektiven analysiert wird – ähnlich dem ursprünglichen didaktischen Netz von Kahlert (1998). Gleichzeitig finden Überlegungen anhand verschiedener Entwicklungsbereiche statt. Anders als bei Heimlich & Kahlert (2012) werden bei vorliegendem Netz die Entwicklungsbereiche stärker ausdifferenziert (Rank & Scholz, 2017). Sensomotorik wird in Sensorik und Motorik geteilt. Sprache wird als weiterer Aspekt zusätzlich zu Kommunikation aufgenommen. Auch für die Entwicklungsbereiche werden Ideen angestellt. Überlegungen zur Elementarisierung schließen sich an, hierbei werden die Komponenten Veranschaulichen, Reduzieren und Strukturieren betont. Ausgehend von den Bedingungen der Klasse werden dann die Ideen verknüpft.

Abb. 7.2: Erweitertes didaktisches Netz (eigene Darstellung nach Rank & Scholz, 2017, S. 317)

An einem Beispiel ausformuliert heißt das (Rank & Scholz, 2017): Im Mittelpunkt des Netzes steht das Thema, das aus den verschiedenen Perspektiven betrachtet wird. Rank und Scholz verdeutlichen das Vorgehen am Thema Schall: Aus biologischer Perspektive kann man sich mit dem Gehör beschäftigen, aus politischer Perspektive mit Lärmschutz, aus physikalischer Perspektive mit dem Wellencharakter des Schalls usw. Nimmt man die Entwicklungsbereiche in den Blick, könnte man z. B. auf der Ebene »Sprache« bildungssprachliche Begriffe einführen (etwa »Schallwellen«), aber auch Begriffsalternativen in einfacher Sprache oder mit Symbolen überlegen. Auf motorischer Ebene wäre z. B. die Erzeugung von Schall mit dem eigenen Körper anzudenken.

Elementarisierung bedeutet, den Kern der Sache herauszuarbeiten, ohne etwas zu verfälschen. Sie ist im inklusiven Unterricht wichtig, da Kinder mit anderen als kognitiven Zugängen berücksichtigt werden. Veranschaulichung oder auch Erlebbarkeit heißt in diesem Zusammenhang, das grundlegende Phänomen erfahrbar, sichtbar, spürbar zu machen, also etwa den Wellencharakter des Schalls durch das Löschen einer Kerze mit Hilfe von Schallwellen oder das Sichtbarmachen der Wellen durch eine angeschlagene Stimmgabel in einem Wasserglas. Wenn alle Felder des didaktischen Netzes gefüllt sind, können die verschiedenen Ideen der Unterrichtsvorbereitung so genutzt werden, dass sie in differenzierten Lernumgebungen münden.

7.3 Die Differenzierungsmatrix

Eine ebenfalls an einem gemeinsamen Lerngegenstand ausgerichtete Planungshilfe ist die Differenzierungsmatrix (Sasse & Schulzeck, 2021), die noch konkreter als die didaktischen Netze zur Entwicklung inklusiven Unterrichts genutzt werden kann. Sasse und Schulzeck (2017) begründen die Planung am gemeinsamen Gegenstand als Ausgangspunkt im Sinne Feusers (Feuser, 1989), der sich genau wie die beiden Autorinnen gegen ein naives Verständnis des Begriffes *gemeinsamer Gegenstand* wendet. Der gemeinsame Gegenstand ist bei Feuser nicht der tatsächliche, materielle Gegenstand, sondern der Prozess hinter dem Gegenstand, der in fächerverbindenden bzw. -übergreifenden Projekten und Vorhaben gemeinsam erschlossen wird. In dem von ihm benannten Beispiel »Ernährung, Kochen eines Gemüseeintopfes« geht es nicht in erster Linie um das sichtbare Zubereiten von Nahrung, sondern um den »Proze ß, der vom ersten zum zweiten Zustand führt – das Kochen, die einwirkende, Veränderungen bewirkende Wärme, ihre Erzeugung und ihr Transport, ja die Gesetze der Thermodynamik« (Feuser, 1989, S. 32). Der gemeinsame Gegenstand ›Veränderungen durch Wärme‹ kann dann von verschiedenen Schülerinnen und Schülern unterschiedlich erschlossen werden. Somit werden auch verschiedene Ziele verfolgt: Theoriebildung der chemischen Vorgänge, sinnlich-konkrete Erfahrung durch Wärme, Düfte, Geräusche usw.

Auch Feusers bekanntes Baummodell (▶ Abb. 7.3) ist in gewisser Weise eine Planungshilfe: Hier wird der gemeinsame Gegenstand durch den Stamm dargestellt, der aus den Wurzeln, den Grundideen von Fach- und Humanwissenschaften, gespeist wird. Dieser Gegenstand kann auf unterschiedliche Weise erschlossen werden, das zeigen die Äste. Diese Äste differenzieren sich immer feiner aus, so dass die Zweige die individualisierten Lernziele verdeutlichen. Auch bei Feuser geht es – ähnlich wie bei der Adaption des inklusionsdidaktischen Netzes nach Rank und Scholz (2017) – um Elementarisierung.

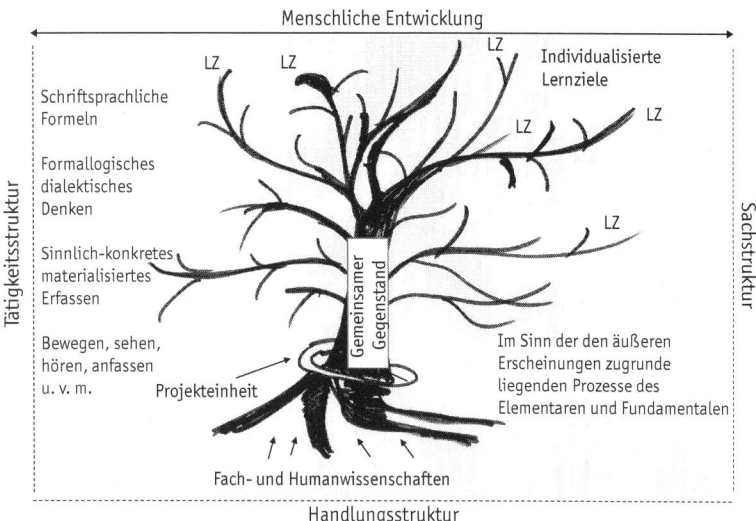

Abb. 7.3: Das didaktische Feld einer Allgemeinen Pädagogik (nach Feuser, 1989, S. 32; 2011, S. 95)

7.3 Die Differenzierungsmatrix

Auf ähnlichen Differenzierungsideen beruht die Differenzierungsmatrix nach Sasse und Schulzeck (2021). Neben dem gemeinsamen Gegenstand ist eine weitere Grundidee die Erkenntnis, dass inklusiver Unterricht in Kooperation entsteht (Sasse & Schulzeck, 2021, S. 19). Er muss vorab zeitlich, materiell-räumlich und sozial strukturiert geplant werden. Bei einer gemeinsamen Planung in einem Team können die vielen Zugangsmöglichkeiten und Facetten eines Lerngegenstands deutlich vielfältiger erschlossen und entwickelt werden, da auch die planende Gruppe verschiedene Erfahrungen, Zugänge oder Interessen hat.

Diese gemeinsame Planung wendet sich an alle Schülerinnen und Schüler einer Klasse und sollte entsprechend einfach strukturiert und dennoch differenziert sein. Sasse und Schulzeck (2021) wurden durch das Lernstrukturgitter von Kutzer (1998) inspiriert, der dieses in den 1970er und 1980er Jahren für das Fach Mathematik entwickelte. Die Grundstruktur beruht auf zwei Achsen, wobei die eine Achse die sich steigernde kognitive und die andere die sich steigernde thematische Komplexität abbildet. Man kann somit auf drei Weisen differenzieren: Kognitiv komplexer werdend, thematisch komplexer werdend oder die Komplexität beider Achsen gleichermaßen steigernd. Dass sich die Planung und Arbeit mit der Differenzierungsmatrix in der Grundschule eignet, kann unter anderem damit begründet werden, dass es in der Regel keinen Fachunterricht mit wechselnden Fachlehrkräften gibt und somit Lernen in fächerverbindenden Vorhaben gut möglich ist. Organisieren sich Jahrgangsstufenteams wie etwa in den LERNHAUS-Schulen (▶ Kap. 6.4), kann eine gemeinsame Planung, die allen zugutekommt, sehr gut umgesetzt werden. Differenzierungsmatrizen sind viel konkreter als beispielsweise die inklusionsdidaktischen Netze, denn sie beinhalten bereits die unterrichtliche Umsetzung, indem Materialien und didaktisches Vorgehen benannt werden. Die didaktischen und methodischen Entscheidungen sind also eigentlich schon getroffen worden (z. B. unterstützt durch ein inklusionsdidaktisches Netz), und die Matrix dient dazu, diese einzuordnen.

Üblicherweise werden fünf Zeilen und fünf Spalten für die sich steigernde Komplexität verwendet. Die Zeilen differenzieren die kognitive Komplexität:

- Anschaulich praktische Ebene
- Teilweise vorstellende Handlung
- Vollständig vorstellende Handlung
- Symbolische Ebene
- Abstrakte Ebene

Die Spalten stellen die verschiedenen Ebenen des Themas dar. Das Lehrkräfteteam kann auf verschiedene Weise an die Planung herangehen. Sasse und Schulzeck (2021, S. 24) schlagen als ersten Schritt eine Mindmap vor, in der alle Ideen des Teams und auch der Schülerinnen und Schüler gesammelt werden. Es geht um die Strukturierung des Unterrichtsgegenstandes. Oft findet man bei der Unterrichtsplanung die Situation vor, dass sich Lehrkräfte auf die Suche nach Material machen und im Internet oder bei kommerziellen Anbietern fündig werden. Dann leitet das Material den Unterricht. Bei der Differenzierungsmatrix muss es in jedem Fall andersherum sein: Erst wenn die Struktur des Unterrichts erarbeitet ist, werden die Materialien zugeordnet.

Die in der Mindmap entwickelten Ideen werden im nächsten Schritt in die Tabellenstruktur eingeordnet, z. B. mit Hilfe von Post-it-Blättern. Nun erst werden die didaktischen Angebote für jedes Feld überlegt und die Lernumgebung gestaltet. Für jedes Feld der Matrix entsteht ein Blatt mit Hinweisen für Aufgabe, Material, Sozialform etc.

Dann wird die Matrix in großem Format mit allen Materialien im Klassenzimmer zugänglich gemacht. Die Schülerinnen und Schüler erhalten auch eine ausgedruckte Matrix in klein. Nach der Einführung in das Thema und in die Matrix kann man unterschiedlich arbeiten: Entweder suchen sich die Schülerinnen und Schüler selbst ihren Weg und halten auf der Matrix fest, was sie gearbeitet haben.

7.3 Die Differenzierungsmatrix

Oder die Lehrkraft gibt den Weg individuell und adaptiv vor. Auch eine Unterteilung in Pflicht- und Wahlaufgaben ist möglich.

Tab. 7.1: Differenzierungsmatrix zu Experimentieren im naturwissenschaftlichen Anfangsunterricht (Woest & Engelmann, 2021, S. 138)

Kognitive Komplexität ↑						
	Synthese, Evaluieren, Kreieren	Wie arbeitet ein Naturwissenschaftler, eine Naturwissenschaftlerin?	Teilchen außer Rand und Band	Kannst du aus farblos bunt machen?	Kannst du Boden zum Sprudeln bringen?	Warum fliegen Flugzeuge?
	Analysieren	Welches Messgerät würdest du wählen?	Stoffe trennen – geht das?	Ist Baden gefährlich?	Kann Boden sauer sein?	Du gegen die Luft – wer gewinnt?
	Anwenden	Wie gut kannst du schätzen?	Weißt du, was ein reiner Stoff ist?	Kannst du aus schwarz bunt machen?	Wie viel trinkt der Boden?	Ist die Flasche undicht?
	Verstehen	Betrügen dich deine Ohren und deine Hände?	Kannst du Ordnung in das Stoffchaos bringen?	Was hat Abwaschen mit Naturwissenschaft zu tun?	Ein Shake aus Boden?	Wer gewinnt? Warme vs. kalte Luft.
	Wissen Erinnern	Was kannst du riechen und schmecken?	Woraus besteht die Welt?	Bist du stärker als Wasser?	Atmet der Boden?	Ist Luft NICHTS?
		Sinne	Aufbau von Stoffen	Wasser	Boden	Luft
Thematische Komplexität →						

Eine mögliche Matrix soll hier (▶ Tab. 7.1) beispielhaft gezeigt werden. Allerdings kann eine solche exemplarische Matrix nicht die Fülle der dahinterstehenden Ideen und damit verknüpften Materialien aufzeigen. Die dargestellte Matrix (Woest & Engelmann 2021) ist für den naturwissenschaftlichen Anfangsunterricht konzipiert und soll ins Teilchenmodell einführen, welches als ganz einfache Idee zunächst transportiert, dass Stoffe aus Teilchen aufgebaut sind, die sich in Masse, Form und Größe unterscheiden. Die Anwendung des Teilchenbegriffs wird auf die Elemente Wasser, Boden und Luft vorgenommen. Als wichtigen ersten Schritt sollen die Schülerinnen und Schüler den Unterschied zwischen Wahrnehmungen und empirischen Messmetoden erkennen. Dann folgt der Aufbau von Stoffen, also die Einführung des Teilchenmodells. Anschließend folgen die Themen Wasser, Boden Luft, die aufsteigend immer komplexer werden. Es werden für jeden Punkt des Rasters Fragen an die Natur formuliert. Für die Spalte Sinne werden aufsteigend beispielsweise Sinneserfahrungen wie Blindverkostung (Stufe 1), Temperaturfühlen mit der Hand (Stufe 2), Schätzungen von beispielsweise Lungenvolumen oder Körpermaßen (Stufe 3) angeboten. Für diese Matrix werden alle Experimente als Stationen angeboten, die in sich binnendifferenziert sind (z. B. in leichter Sprache vorliegen). So können alle Schülerinnen und Schüler die unteren Stufen durchlaufen, während die oberste Stufe in hohem Masse abstraktes Denken erfordert (Woest & Engelmann, 2021).

Es gibt eine Fülle an Praxishilfen zu diesem Thema. Neben dem Grundlagenwerk von Sasse und Schulzeck (2021), aus dem die oben dargestellte Matrix entnommen ist, existiert auch eine ausführliche Internetseite der Thüringer Forschungs- und Arbeitsstelle für inklusive Bildung[11] mit vielen praktischen Beispielen. Die publizierten Differenzierungsmatrizen sind dabei sehr unterschiedlich. Wichtig erscheint bei jeder Planung – wie auch bei den erweiterten didaktischen Netzen sensu Rank und Scholz (2017) und bei Feusers gemeinsamem Gegenstand –, das Elementare des Gegenstandes herauszuarbeiten. Wenn man das berücksichtigt, stellt die Differenzierungsmatrix eine ausgezeichnete Planungshilfe dar. Zudem kann die Matrix auch als Diagnoseinstrument verwendet werden, da man mit ihrer Hilfe Leistungen individuell dokumentieren kann.

---

11 http://www.gu-thue.de/matrix.htm

7.4 Lernleitern

Noch konkreter in die Planung individualisierten Unterrichts geht die Idee der »Lernleiter« (Girg et al., 2012). Deren Ursprung liegt in der MultiGradeMultiLevel-Methodology (MGML), wie sie in Indien entwickelt wurde. Initiiert wurde diese Methode durch Padmanabha Rao und Anumula Rama in den 1980er Jahren. Die Idee dabei war, für die altersgemischten und leistungsheterogenen Lerngruppen im dörflichen Indien eine gute, da adaptive Methode zur Verfügung zu stellen. MGML hat eine weite Rezeption in Indien und darüber hinaus erfahren.

Diese Methode ist hochgradig individualisiert. Die Lernleiter visualisiert den erwarteten Lernweg zu einem bestimmten Thema oder einer Sequenz. Dieser Weg kann von den Schülerinnen und Schülern zeitlich und methodisch individuell beschritten werden. Für inklusiven Grundschulunterricht ist die Arbeit mit der Lernleiter gut geeignet und wird in der Praxis häufig eingesetzt, da die Methode offen und differenzierend genutzt werden kann. Je nach den Voraussetzungen des Kindes kann die Lernleiter individuell angepasst werden. Die leiterförmige Struktur entsteht durch die Aufteilung in »Milestones«. Der Lernprozess innerhalb eines Milestones läuft immer gleich vom Einfachen zum Komplexen ab. Jeder Milestone beginnt mit einer Einführung, es folgen die Übungen als aufeinander aufbauende Bausteine, dann die Evaluation des angestrebten Ziels, gegebenenfalls nochmal eine Förderung und eine Ausweitung. Auch bei der Planung von Lernleitern ist eine Analyse des Gegenstands unumgänglich, damit die kleinen Schritte sinnvoll gesetzt werden können. Leitfragen hierbei können z.B. sein: Worum geht es und welche Kompetenzen sollen aufgebaut werden? In der Regel denkt man bei einer Leiter an eine lineare Abfolge von Sprossen, und so sind Lernleitern auch häufig aufgebaut. Es gibt aber auch systematische Lernleitern, die Vernetzungen darstellen und eher an eine Lernlandkarte erinnern.

Die Lernleiter hat einen sich steigernden Aufbau, ähnlich wie die Differenzierungsmatrix. Ein Lerngegenstand, ein Ziel oder eine Kompetenzerwartung wird in Milestones unterteilt. An einem Beispiel soll das verdeutlicht werden: Eine Kompetenz im arithmetischen Anfangsunterricht, die alle Kinder erwerben sollen, ist die strukturierte Erfassung von Anzahlen. Bei einer kleinen Menge geht das Erkennen der Anzahl mitunter auf einen Blick, bei größeren Mengen benötigen die Kinder Strukturen, z. B. Fünfer-Bündel. Kinder mit Lernschwierigkeiten in diesem Bereich benötigen sehr viel Zeit, handlungsorientierte bzw. sprachlich begleitete Zugänge und langes Üben mit kleinen Mengen, um sicher über diese Kompetenz zu verfügen (Scherer & Moser Opitz, 2010).

Wenn das Thema »Strukturiertes Erfassen von Mengen« als Lernleiter angeboten wird, kann die Mathematiklehrkraft der Grundschule bzw. das Team aufgrund ihres fachdidaktischen Wissens folgende Milestones identifizieren (vgl. ebd., S. 97):

- Anzahlerfassung von kleinen Mengen
- Zwanzigerfeld
- Hunderterfeld
- Zahlen darstellen mit unstrukturierten und strukturierten Materialien
- Zahlen darstellen an vorstrukturierten Materialien
- Übungen zum schnellen Sehen

Im nächsten Schritt werden die Milestones in ihre Bestandteile (Einführung, Übungen, Evaluation, ggf. weitere Förderung, Evaluation) unterteilt.

Die Einführung findet in einer Gruppe statt. Dann werden Übungen in einer fortschreitenden Progression individualisiert ausgewählt. Für den Milestone »Zahlen darstellen an vorstrukturierten Materialien« könnte der Einstieg in eine Problemstellung sein. Wir haben ein Säckchen mit Kastanien, eine Schachtel mit Bausteinen oder eine Schachtel mit Streichhölzern: Wie kann man diese schnell zählen? Die Kinder probieren es aus und vergleichen die Möglichkeiten.

7.4 Lernleitern

Dann kommen Übungen im Rahmen der Lernleiter, die die Kinder individuell durchlaufen, etwa das Zählen von Eierkartons und einzelnen Eiern, das Zählen von Zehnerstangen und Einerwürfeln, das Umsetzen in die ikonische Darstellung mit Strichen und Punkten, das Umsetzen in die Zahlenschreibweise, das Erstellen eigener Aufgaben in »Geheimschrift« und schließlich die Evaluation durch die Lehrkraft. Wenn das Ziel der Erfassung von Anzahlen noch nicht erreicht ist, können weitere Übungen folgen und es kann sich eine neue Evaluation anschließen. Es wird erkennbar, dass die kleinschrittige Unterteilung sinnvoller Aufgaben zu einem Milestone die größte Herausforderung für die Lehrkräfte darstellt. Lernleitern sind in der inklusiven Praxis sehr verbreitet. Es gibt aber außerhalb des Kreises um Girg, Lichtinger und Müller, die die Lernleitern in Deutschland etablierten, wenig Literatur dazu (Girg et al., 2012).

Diese beispielhafte Lernleiter (▶ Abb. 7.4) zeigt jeweils die einzelnen Milestones auf dem Weg zum »Rechnen bis 20 mit Zehnerübergang«. Jeder Milestone beinhaltet von der Einführung ausgehend mehrere Übungen und Erkläraufgaben. Nach dem Durchlaufen aller fünf Milestones ist das Kind mit seiner Lernleiter fertig. Diese Lernleiter stammt aus einem ersten Schuljahr, die Symbole sind den Kindern bekannt und werden in allen Lernleitern angewendet.

Die benannten Planungshilfen inklusionsdidaktisches Netz, Differenzierungsmatrix und Lernleiter sind gemeinsam, aber auch ergänzend einsetzbar. Sie weisen drei Gemeinsamkeiten auf, die insgesamt für inklusiven Unterricht gelten:

- Die Planung findet am besten im Team statt.
- Die Vorbereitung ist am Gegenstand ausgerichtet bzw. an dem, was ihn ausmacht (Elementarisierung).
- Die Durchführung erfolgt in offenen Unterrichtssettings.

So kann ein hochwertiger und individualisierter Klassenunterricht geplant und organisiert werden.

7 Unterrichtsentwicklung

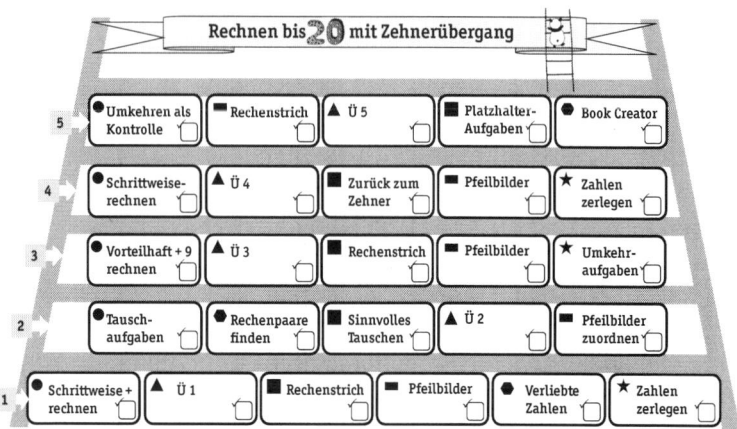

Abb. 7.4: Beispiel einer Lernleiter (Darstellung von Daniela Balk)
Anmerkungen: Kreis = Einführung, Dreieck = Übung, Quadrat = Erkläraufgabe, Rechteck = Vertiefung, Sechseck = Spiel, Stern = Knobeln

7.5 Leistungen beurteilen und Förderung ermöglichen

Unter Rückbezug auf das RTI-Modell (▶ Abb. 7.1) sollte ein derartiger individualisierter und differenzierter Unterricht für die meisten Kinder zielführend sein und zur Kompetenzentwicklung beitragen. Es gibt aber auch Kinder, die gezielte individuelle Förderung benötigen. Eine derartige Förderung soll nicht erst einsetzen, wenn Probleme auftreten, sondern als »sekundäre Prävention« (Jogschies, 2016, S. 317) vorbeugend wirken. Die Förderung soll, wie oben dargestellt, in kleinen Gruppen mit ähnlichen Bedürfnissen und mit evaluierten Programmen erfolgen. Der Lernfortschritt wird regelmäßig überprüft.

Als »tertiäre Prävention« (ebd.) ist Einzelförderung auf der Basis umfangreicher Diagnostik und Förderplanung vorgesehen. Diagnos-

7.5 Leistungen beurteilen und Förderung ermöglichen

tik umfasst sehr viele Bereiche: Grob- und Feinscreening mit standardisierten Tests, Beobachtungsbögen, Lernzielkontrollen, Sichtung der Hefte oder Texte des Kindes, aber auch eine Analyse der Ressourcen und Stärken des Kindes sowie der Unterstützungspotentiale des Umfeldes. Diagnostik findet auch im Klassenunterricht oder in der Kleingruppe statt. Förderziele werden aus der Diagnostik abgeleitet. Diese Ziele sollen in der Zone der nächsten Entwicklung liegen, also für das Kind als nächstes erreichbar sein. Für jede Förderung, auch die primäre und sekundäre Prävention, sind diese Fragen leitend:

»Was kann das Kind schon?
Was muss es noch lernen?
Was kann es als nächstes lernen?« (Dehn, 2007, S. 112)

Aus den Förderzielen werden Maßnahmen abgeleitet, die für einen überschaubaren Zeitraum geplant werden. Die Förderung wird durchgeführt und es wird nach einem bestimmten Zeitraum kontrolliert, ob die Ziele erreicht wurden. Andernfalls werden die Fördermaßnahmen angepasst.

Ein derartig individualisierter Grundschulunterricht erfordert auch eine Anpassung der Leistungsbeurteilung. Sie folgt dem sogenannten »pädagogischen Leistungsbegriff« (Heimlich & Bjarsch, 2020, S. 271; Munser-Kiefer et al., 2021, S. 106f.) Im Gegensatz zum gesellschaftlichen Leistungsbegriff, der zu Auslese und sozialem Vergleich einlädt, berücksichtigt ein pädagogischer Leistungsbegriff die ungleich verteilten Möglichkeiten der Leistungserbringung. Es soll ein individueller Maßstab angelegt werden. Somit stehen Förderung und Ermutigung im Mittelpunkt. Individuelle Fortschritte und Lernwege werden berücksichtigt. Die Leistungsfeststellung, also die Erhebung der Leistung, wird in diesem Sinne nicht das klassische Format der Lernzielkontrolle als produktorientierter summativer Erhebung innehaben, sondern prozessorientierte formative Formate betonen, etwa Portfolios, Lerntagebücher oder Lapbooks (Heimlich & Bjarsch, 2020, S. 272ff.). Ein Lapbook ist ein mehrdimensionales Produkt, ein auf dem Schoß gehaltenes Faltbuch aus Papier, das viele Elemente zu einem Thema beinhaltet, die in Klappelementen, Taschen, Umschlägen untergebracht sind. Jedes Lapbook ist ein individuelles Lernergebnis (Bayerisches Staatsministerium für Bildung und Kultus, 2017). Auch das Portfolio ist ein mehrdimensionales Produkt, eine Sammlung der Arbeiten von Schülerinnen und Schülern, die verpflichtende und freiwillige Bestandteile beinhalten kann. Beide Produkte können nach inhaltlichen und prozessbezogenen Kriterien bewertet werden (ebd.).

Die Leistungsbewertung, also die Einstufung der Qualität der Leistung, erfolgt immer an bestimmten Normen orientiert. Setzt man die soziale Bezugsnorm an, vergleicht man die erbrachten Leistungen mit den Leistungen anderer Personen, etwa der Schulklasse. Diese Praxis wird seit Jahren kritisiert, z. B. da Klassen untereinander nicht vergleichbar sind. Aber gerade im Bereich der Inklusion, etwa bei der Feststellung von Förderbedarfen, ist die soziale Bezugsnorm die Regel, da jeder standardisierte Test eine Bezugsstichprobe z. B. altersgleicher Kinder zugrunde legt und so die Abweichung von dieser Norm feststellt (Zumhasch, 2014). Und auch in diesem Zusammenhang wird die soziale Bezugsnorm kritisiert, da auch hier nicht für alle Kinder gleiche Voraussetzungen gelten, etwa für Kinder mit nichtdeutscher Erstsprache bei Tests mit hoher Sprachbasierung.

Besser geeignet für die inklusive Leistungsbewertung nach dem pädagogischen Leistungsbegriff ist die kriteriale Bezugsnorm, die Leistungen anhand eines Anforderungskatalogs bewertet. Aber auch hier muss berücksichtigt werden, dass nicht alle Schülerinnen und Schüler die vorgegebenen Kriterien erreichen können. Was das rechtlich bedeutet, wird unten ausgeführt.

Die individuelle Bezugsnorm wird angesetzt, wenn die Leistungen mit den eigenen Leistungen zu einem früheren Zeitpunkt verglichen werden. So können Lernfortschritte gewürdigt werden. Zweifelsohne kommt eine individuelle Bezugsnorm, eine Bewertung nach individuellen Maßstäben, dem Gedanken der Inklusion am nächsten. Die rechtlichen Vorgaben der Schulgesetze geben bei lernzielgleich unterrichteten Schülerinnen und Schülern eine an Kriterien orientierte Bezugsnorm vor, mit Möglichkeiten zu Nachteilsausgleich und Notenschutz (z. B. für Bayern Bayerisches Staatsministerium für Unterricht und Kultus, 2019).

Auch hier zeigt sich ein Problem der üblichen »Grammatik der (Grund-)Schule«, nämlich der Gedanke, dass Gerechtigkeit nur gewährleistet wird, wenn alle Kinder mit dem gleichen Maßstab gemessen werden, unabhängig davon, wie stark die individuellen Möglichkeiten der Leistungserbringung differieren. Dass es gerade die Grundschule ist, die sehr früh selektiert (in den meisten Bundesländern nach dem vierten Schuljahr) und somit oft gar keine Möglichkeit bietet, die von Anfang an bestehenden Defizite aufzuholen, soll hier nur am Rande erwähnt sein. Auch die jüngste IGLU-Studie bestätigt den seit Jahren bestehenden Trend, dass die Verteilung der Schülerinnen und Schüler auf die Schulformen der Sekundarstufe sehr eng mit der sozialen Herkunft zusammenhängt (McElvany et al., 2023).

Dennoch gibt es Möglichkeiten, dieses Dilemma ein Stück weit aufzubrechen, z. B. indem Prüfungen zu dem Zeitpunkt individuell geschrieben werden, an dem die Kinder bereit dafür sind (»Führerscheinprüfung«) oder indem transparente Kriterienraster für prozessorientierte Methoden wie Lapbook oder Portfolio verwendet werden, die offen und vielfältig sind (Bayerisches Staatsministerium für Bildung und Kultus, 2017). Eine wesentliche Voraussetzung hierfür ist, dass auch die Lehrkräfte einen ermöglichungsorientierten und nicht selektionsorientierten Blick haben.

Zudem darf nicht vergessen werden, dass es durchaus auch Beispiele gibt, wie diese Strukturen insgesamt durchbrochen werden. Heimlich und Bjarsch (2020, S. 272) etwa nennen das Beispiel der Max-Brauer-Schule in Hamburg. Diese ist eine ganz normale Stadtteilschule, die mit dem Slogan »Vielfalt ist Reichtum« auf ihre Vision verweist. Die Schule verzichtet in den Jahrgangsstufen 1 bis 8 komplett auf Noten. Auf der Internetseite wird ausgeführt:

»Der einzelne Lernende wird über seine individuelle Lernentwicklung und seinen erreichten Lernstand im Hinblick auf fachliche und überfachliche Kompetenzen informiert. Ein wichtiges Anliegen ist es, konstruktive Rückmeldungen zu gewährleisten und dabei Formen zu entwickeln, die die Persönlichkeits- und Kompetenzentwicklung positiv unterstützen, indem sie in der Formulierung wertschätzend auf positive Entwicklungen und Verbesserung abzielen. Ein besonderer Schwerpunkt liegt wegen ihrer höheren Wirksamkeit dabei auf den Formen zeitnaher, mündlicher Leistungsrückmeldungen (Schüler-Eltern-Lehrkraftgesprächen (SELG), Feedback-Runden u.ä.). Auch in den schriftlichen Rückmeldungsformaten (Zeugnisse) finden sich diese Grundsätze wieder.«[12]

Eine derartige Rückmeldekultur ist (nach der Leistungsfeststellung und -bewertung) Teil der dritten Phase der Leistungsbeurteilung, der Leistungsrückmeldung. Diese soll in der neuen Lernkultur stärken- und prozessorientiert sein. Dialogische Möglichkeiten, wie sie auch die Max-Brauer-Schule nennt, finden sich in der Grundschule etwa beim »Lehrkraft-Eltern-Kind-Gespräch« oder Lernentwicklungsgespräch. Die Forschungsergebnisse zu den Lernentwicklungsgesprächen zeigen ein zwiespältiges Bild. Bonanati (2018) stellt dar, dass formale Aspekte gegenüber den inhaltlichen Themen dominieren und die angezielte Lernentwicklung als Weiterentwicklung im Sinne von Optimierung gesehen wird, wenn das Gespräch so geführt wird wie ein schlechtes Mitarbeitendengespräch, also keine Atmosphäre der Wertschätzung oder auch Gleichberechtigung eingenommen wird. Andererseits stellt Dollinger (2019) fest, dass sowohl aus Sicht externer Beobachtender als auch aus Sicht der Beteiligten die Rückmeldungen als lernunterstützend und gewinnbringender als die Rückmeldung im Zeugnis wahrgenommen wird.

In einem inklusiven und somit differenzierten und individualisierten Unterricht muss also auch die Leistungsbeurteilung in ihren drei Phasen einer neuen Logik, nämlich der Logik der neuen Lernkultur, folgen. Rechtlich lassen sich hierfür auch Grundlagen finden. In vielen Bundesländern gibt es in den Jahrgangsstufen 1 und 2 keine Ziffernnoten. Schleswig-Holstein und Niedersachsen eröffnen die Möglichkeit, in der Grundschule komplett auf Noten zu verzichten. Es gibt Bundesländer, die Zeugnisse durch Lernentwicklungsgespräche

---

12 http://www.maxbrauerschule.de (Abruf am 04.08.2023).

ersetzen. Wenn Schulordnungen bestimmte Erhebungsformen fordern, z. B. schriftliche Leistungsnachweise, können diese auch durch Lapbooks oder Portfolios erbracht werden (Bayerisches Staatsministerium für Bildung und Kultus, 2017). Für Schülerinnen und Schüler mit Förderbedarf besteht in vielen Bundesländern die Möglichkeit der lernzieldifferenten Unterrichtung. Die Kinder werden nach dem Lehrplan des jeweiligen Förderschwerpunktes unterrichtet und es gibt einen Förderplan, der individuell festgelegt wird. Auch wenn lernzielgleich unterrichtet wird, gibt es Ausgleichsmöglichkeiten. Als Nachteilsausgleich bezeichnet man hierbei den Einsatz spezifischer Hilfen bei Prüfungen, um bestehende Nachteile auszugleichen. Hierunter fallen Zeitzuschläge, größeres Schriftbild, Vorlesen usw. Als Notenschutz bezeichnet man dagegen die Möglichkeit, bestimmte Bereiche von der Notengebung auszunehmen, etwa die Rechtschreibung bei Kindern mit diagnostizierter Lese-Rechtschreib-Störung (Bayerisches Staatsministerium für Unterricht und Kultus, 2019).

Insgesamt zeigt sich beim Thema inklusiver Unterricht, dass ein erforderliches und stattfindendes Umdenken in Richtung der Ermöglichung und Berücksichtigung individueller Lernwege für alle Kinder vorteilhaft wäre. Die Kompetenz von Lehrkräften ist bei der Gestaltung von Lernumgebungen unverzichtbar. Gerade bei einer differenzierten Planung muss darauf geachtet werden, dass für alle Kinder die Basisdimensionen guten Unterrichts bis in die Tiefenstrukturen (effektive Klassenführung, kognitive Aktivierung, konstruktive Unterstützung, vgl. Klieme et al., 2001) gewährleistet sind. Um die inklusive Klassenführung einzuschätzen, existieren online zugängliche Instrumente zur Selbst- und Fremdeinschätzung, auf die hier verwiesen sein soll (Lutz et al., 2022a, Lutz et al., 2022b).

Zum Glück haben die Lehrkräfte die Möglichkeit, sich gemeinsam auf den Weg zu machen und die Kooperationspartner zu nutzen, die im Rahmen der Inklusion zur Verfügung stehen. Das ist Gegenstand des nächsten Kapitels.

Wichtiges auf einen Blick

- Unter Response to Intervention (RTI) versteht man ein gestuftes Fördersystem (hochwertiger Klassenunterricht, Unterricht in Kleingruppen, Individualförderung), das sich als wirksam erwiesen hat und in Rügen als »Rügener Modell« umgesetzt wird.
- Zur Planung inklusiven Unterrichts eignen sich die inklusionsdidaktischen Netze, die Differenzierungsmatrix oder die Lernleitern.
- Inklusiver Unterricht erfordert ein Umdenken bei der Leistungsbeurteilung hin zum pädagogischen Leistungsbegriff.

Reflexionsaufgaben

Nehmen Sie einen Ihnen gut vertrauten Unterrichtsgegenstand Ihrer Wahl. Planen Sie allein oder mit Kolleginnen und Kollegen dazu

- ein inklusionsdidaktisches Netz,
- eine Differenzierungsmatrix,
- eine Lernleiter.

8 Kooperation in der inklusiven Grundschule

Der Unterricht in der inklusiven Grundschule erfordert eine Abkehr vom sprichwörtlich gewordenen Einzelkämpfertum der Lehrkräfte. Der Blick in ein beliebiges inklusives Grundschulklassenzimmer kann wie folgt aussehen – gerade auch bezüglich der Anzahl der anwesenden Erwachsenen: Man findet beispielsweise zwei Lehrkräfte, drei Schulbegleiterinnen, eine Erzieherin, eine studentische Praktikantin und eine Referendarin sowie 23 Kinder vor. Es ist also im Unterricht eine Zusammenarbeit von Lehrkräften verschiedener Spezialisierungen sowie Personen unterschiedlicher Berufsgruppen erforderlich. Die Kooperation im inklusiven Setting geht aber über eine Zusammenarbeit im Unterricht hinaus, da auch mit außerschulischen Personen und Einrichtungen (Eltern, Therapeutinnen und Therapeuten...) oder schulinternen, aber nicht am Unterricht beteiligten Personen (Jugendsozialarbeiterinnen und -sozialarbeiter) kooperiert werden kann.

Was aber ist Kooperation? Quante und Urbanek (2021, S. 117) definieren im Rückgriff auf andere Autorinnen und Autoren: »Unter Kooperation versteht man einen bewussten, interaktiven und konstruktiven Prozess von zwei oder mehr Personen, welcher zur Erreichung gemeinsamer Ziele nötig ist und auf Gleichwertigkeit, Kommunikation sowie Reziprozität beruht«. In dieser Definition werden wesentliche Elemente benannt, die der Kooperation im Kontext der inklusiven Schule zu eigen sind, etwa Zielbindung, bewusste Gestaltung, Gleichwertigkeit, Kommunikation. Es reicht nicht aus, zwei oder mehrere Personen zusammenzuspannen. Die Kooperation muss bewusst gestaltet werden, v. a. wenn sie nicht nur punktuell ist, sondern wie die Kooperation zwischen Lehrkräften intensiv und länger andauern soll. Zur Beschreibung von Lehrkräftekooperation wird häufig auf Gräsel et al. (2006) Bezug genommen: Diese verweisen auf Studien, die die positive Wirkung von Kooperation belegen – bezogen auf die Umsetzung von Innovationen im Schulsystem, aber auch auf die die gemeinsame Verantwortungsübernahme für Schülerinnen und Schüler. Als Bedingungsfaktoren nennen sie im Rückgriff auf die Organisations- und Wirtschaftspsychologin Spieß (2004) gemeinsame Ziele und Aufgaben, Vertrauen und Autonomie. Sehr bekannt und häufig rezipiert ist die Differenzierung verschiedener Kooperationsformen in *Austausch, Arbeitsteilung* und *Kokonstruktion* (Gräsel et al., 2006). Je nachdem, welche Form verwirklicht wird, sind auch die Bedingungsfaktoren für den Austausch unterschiedlich ausgeprägt.

Beim *Austausch* ist die Autonomie der Beteiligten wesentlich. Jede Person hat ihren Verantwortungsbereich: Man bespricht sich über Materialien oder tauscht Informationen aus. Im Kontext von Inklusion in der Grundschule erscheint ein solcher Austausch z. B. mit den Eltern sinnvoll. Das Verbindende ist das Kind. Die Ziele überlappen sich, da beide Parteien möchten, dass es dem Kind gut geht, es in der Schule Kompetenzen erwirbt und sich wohlfühlt. Andere Ziele differieren und jede Partei hat ihren eigenen Verantwortungsbereich. Vertrauen und eine Begegnung auf Augenhöhe sind wichtig, wenn die Kooperation mit den Eltern gelingen soll. Bei den Treffen wird die jeweilige Expertise gewürdigt und Positionen werden ausgetauscht. Anschließend geht jede Partei wieder in ihren Verantwortungsbereich und agiert getrennt.

Arbeitsteilung als weitere Form der Kooperation kann nur erfolgen, wenn die Aufgaben getrenntes Agieren ermöglichen. Hier ist die Autonomie hoch, aber die Zielsetzung wird gemeinsam getroffen. Da bei einer Arbeitsteilung nur dann Zufriedenheit herrscht, wenn die Parteien in etwa das gleiche Pensum erledigen, ist auch Vertrauen wichtig. In der inklusiven Unterrichtsarbeit ist Arbeitsteilung häufig, da sie als effizienzsteigernd gilt (Gräsel et al., 2006). Eine Gruppe von Lehrkräften bereitet z. B. anhand einer Differenzierungsmatrix die Matheschiene für alle vor, die andere die Deutschschiene, jeweils einschließlich der erforderlichen Materialien.

Innerhalb der Vorbereitungsgruppen liegt dann die dritte Form der Kooperation vor, die *Kokonstruktion*. Der Austausch ist intensiv. Dadurch erweitern die beteiligten Gruppen ihr Wissen und konstruieren gemeinsam neue Wissensbestände, Handlungsoptionen oder Lösungswege. In der inklusiven Grundschule geschieht dies bei der gemeinsamen Unterrichtsentwicklung. Auch die kollegiale Fallberatung (Sroka, 2021) ist eine kokonstruktive Methode, ebenso Teamteaching. Die kokonstruktiven Verfahren erfordern eine Hintanstellung autonomen Handelns zugunsten gemeinsamer Arbeitsprozesse.

In der Bezugnahme auf diese Formen findet man häufig eine Art Hierarchisierung, nach der die Kokonstruktion die hochwertigste Form der Kooperation ist. Diese Anordnung trifft aber nicht die vielfältigen Bedingungen und Kontexte von Kooperation (Quante et al., 2022). Oftmals sind Austausch und Arbeitsteilung angemessene oder hinreichende Formen von Kooperation; nicht jede Kooperation erfordert Kokonstruktion.

8.1 Kooperationspartnerinnen und -partner in der inklusiven Grundschule

Im Rahmen der Inklusion kann eine Regelschule oder Lehrkraft mit einer ganzen Reihe von Personengruppen kooperieren. Tabelle 8.1 stellt diese Möglichkeiten für Bayern dar, gleiche oder ähnliche Kooperationsstellen gibt es in allen Bundesländern.

Tab. 8.1: Kooperationspartnerinnen und -partner bei schulischer Inklusion (Beispiel Bayern)

Erziehungsberechtigte	
Eltern	In Deutschland gibt es sowohl ein Erziehungsrecht der
Großeltern	Eltern als auch ein Erziehungsrecht des Staates. Festge-

8 Kooperation in der inklusiven Grundschule

Tab. 8.1: Kooperationspartnerinnen und -partner bei schulischer Inklusion (Beispiel Bayern) – Fortsetzung

Pflegeeltern	schrieben ist dies in Art. 6 Abs. 2 des Grundgesetzes: »Pflege und Erziehung der Kinder sind das natürliche Recht der Eltern und die zuvörderst ihnen obliegende Pflicht. Über ihre Betätigung wacht die staatliche Gemeinschaft.« Art. 7, Abs. 1 konkretisiert, dass das Schulsystem unter Aufsicht des Staates steht. Hieraus ergibt sich ein klarer Auftrag der Kooperation mit den Erziehungsberechtigten.
Andere Lehrkräfte	
Co- oder Tandemlehrkraft	In einer Klasse mit festem Lehrkräftetandem arbeiten zwei gleichberechtigte Lehrkräfte, meist der Sonder- und der Regelschulpädagogik, zusammen.
Förderlehrkraft	Im Bayerischen Schulsystem gibt es Förderlehrkräfte (Art. 60 Abs. 1 BayEUG). Diese haben eine Ausbildung an einem Staatsinstitut sowie einen Vorbereitungsdienst absolviert und werden zur Differenzierung an Regelschulen eingesetzt.
Differenzierungslehrkraft	Mitunter werden auch Lehrkräfte zur Differenzierung mit einzelnen Stunden eingesetzt.
Referendarin/Referendar Praktikantin/Praktikant	Möglicherweise ist in der Klasse ein Referendar/eine Referendarin im ersten Jahr oder eine Praktikantin/ein Praktikant der Universität tätig.
Pädagogische Stellen	
Kindergarten	Die Kooperation zwischen den vorschulischen Einrichtungen und der Schule ist gesetzlich vorgeschrieben (Art. 7 Abs. 4 BayEUG, Art 7 und Art. 11 BayKiG in Verbindung mit § 10 der 4. DVBayKiG).
Schulvorbereitende Einrichtungen (SVE)	Die SVE ist eine vorschulische Einrichtung für noch nicht schulpflichtige Kinder mit sonderpädagogischem Förderbedarf (Art. 22 BayEUG).
Hort, Mittagsbetreuung	Viele Grundschulen arbeiten im offenen Ganztag mit einem Hort oder einer Mittagsbetreuung, deren Kooperationsgrad sehr differieren kann.

8.1 Kooperationspartnerinnen und -partner in der inklusiven Grundschule

Tab. 8.1: Kooperationspartnerinnen und -partner bei schulischer Inklusion (Beispiel Bayern) – Fortsetzung

Heilpädagogische Tagesstätte (HPT)	HPT sind teilstationäre Einrichtungen zur Erziehung, individuellen Förderung und Bildung, Pflege und Betreuung von Kindern, Jugendlichen und jungen Volljährigen mit Behinderung im Alter von drei Jahren bis zum Ende der Schulzeit (www.stmas.bayern.de).
Mobile sonderpädagogische Hilfe (msH)	Die msH ist für Kinder von vier bis sechs Jahren gedacht. Sie kann von Kindertagesstätten oder Eltern angefordert werden, diagnostiziert und berät.
Mobiler Sonderpädagogischer Dienst (MSD)	Der MSD sind Lehrkräfte der Sonderpädagogik, die an Regelschulen zur Begleitung, Unterstützung und Förderung von Kindern mit Förderbedarf eingesetzt werden.
Schulpsychologin/ Schulpsychologe	Schulpsychologinnen und Schulpsychologen sind Lehrkräfte, die Psychologie studiert haben und an Schulen sowohl als Lehrkräfte als auch für die schulpsychologische Arbeit eingesetzt sind.
Beratungslehrkraft	Beratungslehrkräfte haben ihr Lehramtsstudium erweitert (in Bayern schließt man das Beratungslehramt mit dem Staatsexamen ab) und stehen ähnlich wie Schulpsychologinnen und Schulpsychologen zur Beratung, Diagnose und Förderung zur Verfügung.
Jugendsozialarbeit an Schulen (JaS)	Hierbei handelt es sich um eine Leistung der Jugendhilfe.

Beratungsstellen

Familien- & Erziehungsberatungsstelle	Es handelt sich um ein deutschlandweit nahezu flächendeckendes Netz von Beratungsstellen, die für alle zugänglich sind (Erziehungsberechtigte, Kinder, Jugendliche) und bei der Klärung und Bewältigung von Problemen helfen.
Staatliche Schulberatungsstelle	In Bayern gibt es in jedem Bezirk eine Staatliche Schulberatungsstelle, die mit Beratungslehrkräften, Schulpsychologinnen und Schulpsychologen aus den Schularten besetzt ist und Aufgaben der Schulberatung erfüllt, die über den Bereich einer einzelnen Schule hinausgehen.

Tab. 8.1: Kooperationspartnerinnen und -partner bei schulischer Inklusion (Beispiel Bayern) – Fortsetzung

Offene Sonderpädagogische Beratungsstelle	Diese befindet sich an einem Förderzentrum und berät Eltern, Lehrkräfte, Schülerinnen und Schüler, Erzieherinnen und Erzieher bezogen auf sonderpädagogische Diagnostik und Förderung, auch unterstützend bei der Kontaktaufnahme zu anderen Einrichtungen.
Unabhängige Beratungsstelle Inklusion	Jedes Schulamt hat eine solche Beratungsstelle, die mit einer Regelschul- und einer Sonderschullehrkraft besetzt ist. Diese beraten die Erziehungsberechtigten über die verschiedenen schulischen Angebote vor dem Hintergrund einer inklusiven Beschulung.
Therapeutische Einrichtungen	
Ergotherapeutinnen/ Ergotherapeuten	Ergotherapie unterstützt Menschen, die in ihrer Handlungsfähigkeit eingeschränkt sind mit dem Ziel der selbstbestimmten Teilhabe. In der Regel finden die Sitzungen in der Praxis statt, aber auch Beratung von Schulen und Einrichtungen ist möglich.
Logopädinnen/Logopäden	Die Logopädie hilft Menschen mit Sprachschwierigkeiten. Auch hier findet in der Regel eine Therapie statt, die nicht mit dem Unterricht in Verbindung steht, aber es gibt auch Logopädinnen und Logopäden, die an Förderschulen oder Kindergärten arbeiten.
Physiotherapeutinnen/Physiotherapeuten	Auch Physiotherapeutinnen und -therapeuten arbeiten mitunter an Förderschulen und sind insgesamt für alle Patientinnen und Patienten mit Einschränkungen der Bewegungs- und Funktionsfähigkeit des Bewegungsapparats sehr bedeutsam.
Sehschule (Orthoptistinnen/Orthoptisten)	In der Sehschule beschäftigt sich eine Orthoptistin oder ein Orthoptist mit der Vorsorge und Untersuchung der Sehentwicklung und des beidäugigen Sehens. Auch hier gilt wie für alle Therapeutinnen und Therapeuten, die mit einem Kind Ihrer Klasse zu tun haben, dass es gut ist, sich zu treffen und zu beraten, damit Therapieansätze auch in der Schule weiterverfolgt werden können.
Frühförderstellen	Diese werden in der Regel von den Sozialhilfeträgern finanziert und unterstützen behinderte oder von Behinde-

8.1 Kooperationspartnerinnen und -partner in der inklusiven Grundschule

Tab. 8.1: Kooperationspartnerinnen und -partner bei schulischer Inklusion (Beispiel Bayern) – Fortsetzung

	rung bedrohte Kinder in den ersten Lebensjahren mit ambulanten oder mobilen Hilfen.
Kinder- und Jugendpsychiatrie	Dort beschäftigt man sich mit Vorbeugung, Diagnostik und Behandlung von psychischen, psychosomatischen und neurologischen Störungen in Kindheit und Jugendalter.
Sozialpädiatrisches Zentrum	Dorthin werden Kinder und Jugendliche von ihrer Ärztin/ihrem Arzt überwiesen, wenn sie eine Erkrankung oder den Verdacht auf eine Erkrankung haben, die zu Störungen in der Entwicklung, Behinderungen, Verhaltensauffälligkeiten oder seelischen Störungen führen kann.
Behörden	
Jugendamt	Jugendämter sind Organe der Kinder- und Jugendhilfe, die in der Regel auf Ebene der Landkreise oder kreisfreien Städte eingerichtet werden. Sie haben vielfältige Aufgaben.
Sozialarbeiterin/Sozialarbeiter	Manchen Familien wird eine sozialpädagogische Familienhilfe zur Verfügung gestellt, die bei der Erziehung unterstützt und auch für die Schule ein wichtiger Ansprechpartner ist.
weitere außerschulische Partner	
Kinder-/Jugendzentrum, Stadt-/Kreisjugendring, Wohlfahrtsverbände (z. B. AWO, Caritas...), Vereine, Elternvereinigungen, Selbsthilfegruppen, Migrationsberatung	Insgesamt gibt es eine Fülle an Organisationen, die in der Inklusion unterstützen können und nicht nur für Eltern, sondern auch für Lehrkräfte bedeutsame Ansprechpartner sind.

Die umfangreiche Tabelle 8.1 zeigt, wie groß das Angebot an Kooperationspartnern für Erziehungsberechtigte und Lehrkräfte im Bereich der schulischen Inklusion ist. Oftmals geht es um Austausch und Beratung, etwa bei den Therapeutinnen und Therapeuten, die mit einem Kind zu tun haben. In solchen Fällen ist es wichtig, Informationen zu erhalten, damit auch in der Schule geeignete Maßnahmen geschaffen werden. Bedeutsam und zu berücksichtigen ist zudem, dass für bestimmte Personengruppen verschiedene Rechtssysteme gelten. Schulpsychologinnen und Schulpsychologen sowie Beratungslehrkräfte etwa sind Teil des schulischen Beratungssystems und unterliegen der hier festgelegten Schweigepflicht. Therapeutinnen und Therapeuten, die von den Krankenkassen finanziert werden, unterliegen der medizinischen Schweigepflicht. Für Mitarbeitende der Jugendhilfe gilt die Schweigepflicht der Kinder- und Jugendhilfe. In diesen Fällen kann eine Entbindung von der Schweigepflicht durch die Eltern sinnvoll sein, damit alle Beteiligten gemeinsam Angebote und Hilfestellungen für das Kind beraten können. Dies erfordert ein hohes Maß an Vertrauen von den Eltern, dessen sich die Lehrkräfte bewusst sein müssen. Die Schweigepflichtentbindung verbleibt in der Akte der Schülerin/des Schülers, die anderen Beteiligten erhalten eine Kopie. Die Schweigepflichtentbindung kann jederzeit widerrufen werden. Eine Vorlage findet sich online unter dem Aspekt »Ärztlich verordnete Therapien an Schulen«.[13]

Obige Tabelle zeigt auf, dass es gerade mit den außerschulischen Stellen oft um Austausch geht. Mit den innerschulischen Partnerinnen und Partnern hingegen ist die Kooperation arbeitsteiliger und auch nicht immer an einem einzelnen Kind orientiert. Wenn mehrere Pädagoginnen und Pädagogen im Unterricht kooperieren, werden Kooperationsformen des Co-Teachings realisiert.

---

13 https://www.km.bayern.de/download/25647_6_Informationen-zur-Erbrin gung-von-%C3%A4rztlich-verordneten-Therapien-am-Ort-Schule.pdf

8.2 Co-Teaching

Im Folgenden werden Co-Teaching-Formen erklärt, die in der inklusiven Grundschule häufig umgesetzt werden. Mit Co-Teaching ist hier das gemeinsame Unterrichten von zwei Lehrkräften gemeint, und zwar insbesondere

> »einer sonderpädagogischen Lehrkraft und einer Regelschullehrkraft in einem inklusiven Setting mit dem Ziel, einen qualitätsvollen Unterricht anzubieten, um den unterschiedlichen Bedürfnissen einer heterogenen Schülerschaft einschließlich Schüler:innen mit Behinderung oder anderen speziellen Bedürfnissen zu entsprechen« (Urbanek & Quante, 2021, S. 143).

Das Besondere hieran ist, dass die Lehrkräfte unterschiedliche Expertisen mitbringen, mit denen sie den Kindern in ihrer Verschiedenheit gerecht werden können (Friend et al., 2010).

Um Formen des Co-Teachings zu beschreiben, wird häufig auf die grafische Darstellung von Friend & Bursuck (2012) zurückgegriffen. Abbildung 8.1 zeigt diese in der Adaption von Urbanek und Quante (2021).

Urbanek und Quante (2021) beziehen sich auf Friend et al. (2010) und definieren die dort angeführten Formen folgendermaßen:

Eine unterrichtende/führende und eine assistierende Person (One teach, one assist)

Eine Lehrkraft hat die Unterrichtsverantwortung, die andere Lehrkraft unterstützt einzelne Kinder. Diese Unterrichtsform wird in der Praxis sehr häufig eingesetzt. Sie ist zur Differenzierung geeignet. Kinder, die dem Klassenunterricht aus verschiedenen Gründen nicht folgen können, erhalten im Klassenzimmer Hilfe. Diese Co-Teaching-Form sollte aber nicht die Regel sein, da es sehr leicht zu einer Zuschreibung kommen kann, bei der die assistierende Lehrkraft auch von den Schülerinnen und Schülern als untergeordnet wahrgenommen wird. Ähnlich kann es auch die unterrichtende Lehrkraft sehen:

8 Kooperation in der inklusiven Grundschule

Für Kinder mit Förderbedarf ist eine besondere Lehrkraft zuständig, während die Klassenlehrkraft die ›Hauptrolle‹ für die anderen Kinder spielt. Insofern wird geraten, diese Form mit Bedacht einzusetzen und die Rollen zu wechseln.

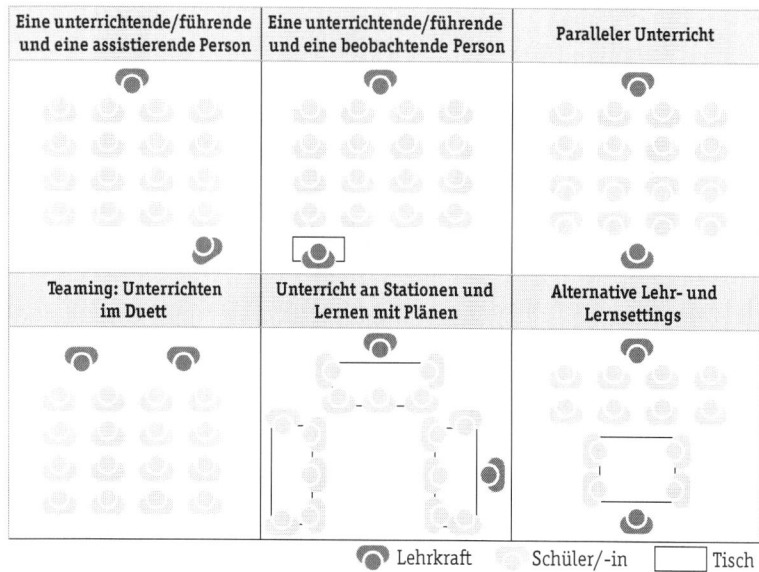

Abb. 8.1: Co-Teaching-Formen (Darstellung von Daniela Balk, nach Urbanek & Quante, 2021, S. 146, Friend & Bursuck 2012)

Eine unterrichtende/führende und eine beobachtende Person (One teach, one observe)

Eine Lehrkraft unterrichtet die Klasse, die andere beobachtet bestimmte Kinder oder auch Kindergruppen bezogen auf das akademische Lern- und Arbeitsverhalten oder das soziale Verhalten. Auch bei dieser Form ist Rollentausch zu empfehlen. Die Beobachtungen sollen von beiden Lehrkräften gemeinsam geplant sein. Eine systematische dokumentierte Beobachtung kann sehr aufschlussreich sein, um Ursachen für Verhaltensauffälligkeiten oder Lernbarrieren zu finden.

Paralleler Unterricht (Parallel Teaching)

Beide Lehrkräfte machen mit der halben Klasse denselben Unterricht, nutzen dasselbe Material usw. So wird die Zahl der Schülerinnen und Schüler pro Lehrkraft reduziert, die aktive Beteiligung der Kinder kann sich erhöhen. Eventuell differenzieren die Lehrkräfte die beiden Gruppen nach Niveau oder Methoden. Auch für gesprächsintensive Unterrichtseinheiten ist diese Methode geeignet, da mehr Kinder zu Wort kommen können. Allerdings wäre es am besten, zwei verschiedene Räume zu nutzen, so dass es nicht zu Störungen kommt.

Unterrichten im Duett (Teaming)

Darunter versteht man Tandemunterricht. Beide Lehrkräfte planen und führen den Unterricht gemeinsam durch. Sie können dies nutzen, um beispielsweise unterschiedliche Positionen einzunehmen oder unterschiedliche Lösungswege aufzuzeigen. Diese Form eignet sich gut, um Kokonstruktion umzusetzen.

Unterricht an Stationen und Lernen mit Plänen (Station Teaching)

Im Stationenunterricht, aber auch bei Lernzirkeln oder Lernbuffets, werden zu einem Lernbereich von den Lehrkräften mehrere Stationen vorbereitet. Diese können von den Kindern durchlaufen werden, wobei an einigen Stationen die Lehrkräfte unterstützen. Abbildung 8.1. zeigt, wie Friend et al. (2010, S. 12) dies beschreiben: Die Arbeitsschritte sind in drei nicht aufeinander aufbauende Teile getrennt, welche auf Stationen verteilt werden. Zwei dieser Stationen werden von Lehrkräften betreut, die dritte bleibt unbesetzt. Die Kinder werden in drei Gruppen aufgeteilt und durchlaufen die Stationen. Diese Unterrichtform ist natürlich nicht auf das Arbeiten an drei Stationen beschränkt. Auch hat diese Unterrichtsform großes Potential für kokonstruktives Vorgehen. Die Lehrkräfte planen gemeinsam, so wie es in Kapitel 7 für die Differenzierungsmatrix oder für inklusionsdidaktische Netze beschrieben wurde (▶ Kap. 7). Anschließend führen die Lehrkräfte den Unterricht gemeinsam durch und unterstützen die Schülerinnen und Schüler an unterschiedlichen Punkten.

Alternative Lehr- und Lernsettings (Alternative Teaching)
Eine der beiden Lehrkräfte unterrichtet den Großteil der Klasse, die andere Lehrkraft arbeitet mit einer kleineren Gruppe, um gezielt zu unterstützen, tiefer einzusteigen, zu fördern, zu fordern, vorzuentlasten oder Ähnliches. Bei allen Unterrichtsformen, in denen einzelne Kinder oder Kleingruppen aus dem Klassenverband herausgenommen werden, ist jedoch Vorsicht geboten, um Etikettierungen und soziale Ausgrenzung zu vermeiden.

Insgesamt kann man zu den Kooperationsformen anmerken, dass sie eine Herausforderung darstellen, denn die Lehrkräfte müssen sich offen und vertrauensvoll begegnen, immer mit dem Ziel, der ganzen Klasse gerecht zu werden. So ist es sinnvoll, wenn die Formen abgewechselt werden und nicht einzelne Formen (etwa »one teach, one assist«) dominieren, die ein Rollengefälle bewirken können. Wie oben schon angesprochen, ist gute Kooperation daher auch kein Selbstläufer, sondern muss aktiv gestaltet werden.

8.3 Stolpersteine und Gelingensbedingungen

Quante et al. (2022) verdeutlichen, dass es im Bereich der Kooperation im inklusiven Unterricht diverse Spannungsfelder gibt, welche teilweise unbewusst vorhanden sind, aber in der Praxis professionell aufgelöst werden müssen. Ein Nichtbearbeiten dieser Felder, die im Folgenden dargestellt werden, führt früher oder später zu Konflikten.

»*Rollenklarheit versus Rollendiffusität*«: Wie im obigen Abschnitt verdeutlicht, gibt es eine Fülle an Möglichkeiten der unterrichtlichen

Zusammenarbeit. In der Regel ist die Ausgestaltung den Lehrkräften selbst überlassen, oftmals werden die Rollen aber nicht geklärt. Lütje-Klose (2011) benennt dies in Anlehnung an Reiser (1998) beispielsweise als »Sonderpädagogische Förderung als Serviceleistung in der allgemeinen Schule«. Damit ist gemeint, dass sich v. a. die sonderpädagogische Berufsrolle in der Inklusion verändert. Wie oben gezeigt, gibt es viele Möglichkeiten gemeinsamen Unterricht zu gestalten. In der Praxis wird aber von den Sonderpädagoginnen und -pädagogen oft die additive Unterstützung erwartet, gemeinsamer Unterricht findet eher selten statt. Wenn die Rollen diffus und unausgegoren sind, kommt aber es früher oder später zu Konflikten (Rank, 2021).

»*Multiperspektivität versus Monoperspektivität*«: Hiermit ist gemeint, dass die professionsbedingt unterschiedlichen Kulturen, aber auch Professionswissen und Einstellungen zu einem unterschiedlichen Blick auf die Kinder führen. Beispielsweise hat die Regelschullehrkraft vielleicht eher eine auf die Klasse bezogene Wahrnehmung, die sonderpädagogische Lehrkraft hingegen bezieht sich auf das individuelle Kind. Die Heterogenität der Perspektiven kann bereichernd sein, wenn es gelingt, sie einzubringen, sollte aber angesprochen werden.

»*Autonomie versus Interdependenz*«: Wie oben schon dargestellt, sinkt die Autonomie der einzelnen Lehrkraft bei stark interdependenten Kooperationsformen. Kokonstruktion ist nur möglich, wenn die Beteiligten ihre Autonomie ein Stück weit aufgeben. Andererseits eröffnen kooperative Praktiken neue Handlungsmöglichkeiten, die alleine nicht möglich wären.

»*Parität versus Disparität*«: Wie schon mehrfach angesprochen, ist eine Parität, also eine tatsächliche Gleichberechtigung von zwei kooperierenden Lehrkräften, in Studien selten festgestellt worden (vgl. Schwab, 2017). Wie auch im oben gezeigten Umgang mit Berufsrollen zeigt sich die Tendenz der Regelschullehrkräfte, Kinder mit Förderbedarf an die sonderpädagogischen Lehrkräfte zu delegieren (Lütje-Klose & Urban, 2014). Es ist dann keine Parität der Lehrkräfte gegeben, was auch von den Schülerinnen und Schülern wahrgenommen wird (Embury & Kroeger, 2012). Als eine Art Hilfslehrkraft zu fungieren wird aber weder der Professionalität der Sonderpädagoginnen und Sonderpädagogen noch der in den meisten Bundesländern höheren Besoldungsgruppe gerecht.

»*Professionalisierung versus Deprofessionalisierung*«: Oben genannte professionsbedingte Differenzen können und sollten aktiv bearbeitet werden. Ansonsten ist die Gefahr der Deprofessionalisierung naheliegend, da die eigenen professionellen Kompetenzen zurückgedrängt werden könnten. Auch sonstige Belastungen der inklusiven Schule, die zu Überforderung und eingeschränkter Autonomie führen, können deprofessionalisierend wirken, andererseits aber in der Kooperation auch aktiv zur Professionalisierung genutzt werden.

»*Harmonie versus Konflikt*«: Etwas anders gelagert ist die Tendenz, Kooperation zu harmonisieren. Dass es vorteilhaft ist, wenn sich Kooperationspartnerinnen und -partner mögen und verstehen, ist naheliegend. Allerdings besteht die Gefahr, in einer freundschaftlichen Beziehung Konflikten aus dem Weg zu gehen und so eine Weiterentwicklung zu verhindern. Denn in keiner Beziehung bleiben Konflikte aus, und es ist wichtig, diese offen anzusprechen und konstruktiv zu lösen (Rank, 2021).

»*Motivationsgewinn versus Motivationsverlust*«: Dass kooperatives Arbeiten motivationsförderlich sein kann, ist aus verschiedenen Studien bekannt. Allerdings gilt dies nur, solange beide Kooperationspartnerinnen und -partner Spielraum für eigene Entscheidungen und Aktivitätsentfaltung haben (Rheinberg et al., 2019, S. 76). Es gibt eine Fülle motivationshemmender Faktoren in der Zusammenarbeit, etwa das soziale Faulenzen oder das Trittbrettfahren (Quante et al., 2022, S. 157).

»*Kollegialität vs. Zersplitterung*«: Eine sehr starke Identifikation mit der eigenen Kleingruppe (etwa dem eigenen Tandem) innerhalb eines Teams kann dazu führen, dass sich diese abschottet. Die angeführten Antinomien als mögliche Optionen für Konflikte sind in der Praxis zu bedenken, und zwar nicht nur bei der Kooperation zweier Lehrkräfte, sondern auch bei der Zusammenarbeit von Lehrkräften und Erzieherinnen oder Erziehern in der Inklusion. Insgesamt zeigen diese

Antinomien aber auch, worin die Möglichkeiten liegen, die inhärenten Konflikte zu vermeiden. Letztendlich ist es relevant, eine gemeinsame Zielsetzung zu haben, sich der eigenen Rollen und ihrer Zuschreibung bewusst zu werden und eine professionelle Entwicklung anzustreben. Dabei kann die Schulleitung unterstützen.

8.4 Die Studie P-ink

Dass die Bedingungen in der Praxis allerdings nicht immer kooperationsförderlich sind, zeigt die Studie P-ink (»Professionalisierung für ein inklusives Schulsystem«)[14], in der Tandems aus Regelschullehrkraft und Grundschullehrkraft untersucht wurden. Die 73 Lehrkräfte[15] hatten sehr heterogene schulische Bedingungen. Denn obwohl sich die Lehrkräfte alle als Teams verstanden, waren ihre gemeinsamen Unterrichtszeiten nicht nur unterschiedlich, sondern sie waren in einigen Fällen gar nicht gegeben, wie Tabelle 8.2 zeigt (▶ Tab. 8.2a, ▶ Tab. 8.2b).

35 der befragten Lehrkräfte unterrichteten weniger als fünf Stunden gemeinsam, elf davon sogar überhaupt nicht; 17 Lehrkräfte unterrichteten mehr als zehn Stunden zusammen. Dieses heterogene Bild zeigt sich auch bei den Formen der Zusammenarbeit, die oft eine unterstützende Leistung im Sinne des mobilen Dienstes vorsahen (zu den Formen ▶ Kap. 3). Hier ist keine Möglichkeit einer gemeinsamen Verantwortung für die ganze Klasse gegeben. Entsprechend variiert auch die Team-Besprechungszeit, die eine Grundbedingung gelin-

---

14 Das Projekt P-ink wurde unter dem Förderkennzeichen 01/NV1703 mit Mitteln des Bundesministeriums für Bildung und Forschung gefördert (2017–2020).
15 Die Zahl ist ungerade, da zwar Tandems beabsichtigt waren, es aber auch einzelne Lehrkräfte gab, die in anderen Konstellationen an der Studie teilnahmen.

gender Kooperation darstellt, von 15 bis mehr als 90 Minuten. 23 der Befragten gaben an, kein festes Zeitfenster für Besprechungen zu haben. Dies wurde von den meisten Befragten als ungünstig empfunden.

Tab. 8.2a: Daten aus dem Projekt P-ink (Rank et al., 2022, S. 27)

Variable	N	Skaleneinheiten		MW	Min	Max	SD
Berufserfahrung	60			17.07	1	37	8.32
Berufserfahrung Inklusion	60			4.70	0	15	3.60
gemeinsame Stunden im inklusiven Klassenzimmer (Schulstunden à 45 Minuten)	56	0: 1–4: 5–10: 11–15: 16–20: >20:	11 24 5 4 9 3	6,69	0	23	7,29
Formen der Zusammenarbeit[16]	44	Kooperationsklasse: Tandemklasse: Partnerklasse: Mobiler Sonderpädagogischer Dienst:	3 8 11 14				

---

[16] Die Studie wurde in Bayern durchgeführt, wo das Bayerische Erziehungs- und Unterrichtsgesetz (Art. 2 Abs. 2, Art. 30) diese Formen gemeinsamen Lernens vorsieht. Kooperationsklassen und Partnerklassen sind hierbei eher Formen der Zusammenarbeit von Regel- und Förderschule, der sonderpädagogische Dienst unterstützt Regelschulen bei der Aufnahme einzelner Kinder mit Förderbedarf, die Tandemklasse ist eine inklusive Klasse mit festem Lehrkräftetandem.

Tab. 8.2b: Daten aus dem Projekt P-ink (Rank et al., 2022, S. 27)

Umfang der Besprechungszeit (Minuten pro Woche)						
N	Bis 15 Minuten	16 bis 30 Minuten	31 bis 60 Minuten	61 bis 90 Minuten	Mehr als 90 Minuten	Keine Angabe
73	5	19	19	8	4	18
Wie schätzen Sie den Umfang der Besprechungszeit ein, die Sie derzeit zur Verfügung haben?						
N	Zu viel	Eher zu viel	passend	Eher zu wenig	Zu wenig	Keine Angabe
62	0	0	24	26	8	4

Dabei trauen sich die Lehrkräfte selbst Kooperation durchaus zu, wie die Subskala des Fragebogens TEIP (Teacher Efficacy to implement Inclusive Practices, deutsche Versionen: Feyerer et al., 2013) zeigt (▶ Tab. 8.3). Die Likert-Skala umfasst Werte von 1,0 bis 6,0 und weist in dem Bereich sehr hohe Werte auf.

Tab. 8.3: Subskala des TEIP zu Kooperation, Auszug aus dem P-ink-Datensatz (Rank et al., 2022, S. 31)

Subskalen	Gesamt MW (SD) N	Regelschullehrkräfte MW (SD) n	Sonderpädagog/-innen MW (SD) n	Beispielitem
TEIP				
Zutrauen in die eigenen Fähigkeiten bzgl. interdisziplinärer Kooperation	5.14 (0.53) 53	5.06 (0.48) 31	5.25 (0.59) 22	Ich kann zum Entwickeln von Förderplänen mit anderen Fachleuten (z. B. mobile Lehrer/-innen oder Logopäd/-innen) zusammenarbeiten.

Die Ergebnisse des Fragebogens zur Arbeit im Team (FAT, Kauffeld, 2004), siehe Tab. 8.3, zeigen, dass in der Praxis Kooperation stattfindet. Die vier hierarchisch geordneten Subskalen der sechsstufigen Skala haben sehr hohe Zustimmung und weisen keine signifikanten Unterschiede zwischen Regelschul- oder Sonderschullehrkräften auf.

Tab. 8.4: Skalen des FAT (Kauffeld, 2004), Auszug aus dem P-ink-Datensatz (Rank et al., 2022, S. 32)

Subskalen	Gesamt MW (SD) N	Regelschullehrkräfte MW (SD) n	Sonderpädagog/-innen MW (SD) n	Beispielitem
FAT				
Ziel	4.67 (0.66) 56	4.69 (0.59) 34	4.63 (0.78) 22	Die Ziele unseres Teams sind klar.
Aufgaben	4.71 (0.84) 58	4.84 (0.71) 35	4.50 (0.98) 23	Die Teammitglieder kennen ihre Aufgaben.
Zusammenhalt	5.31 (0.72) 53	5.37 (0.48) 32	5.22 (0.99) 21	Wir reden offen und frei miteinander.
Verantwortung	5.04 (0.89) 57	5.16 (0.88) 36	4.85 (1.07) 21	Alle bringen sich in gleichem Maße in das Team ein.

Allerdings zeigt sich auch bei den in P-ink befragten Lehrkräften die Unterteilung der Kooperation in die jeweiligen Kompetenzbereiche für die beiden Lehrämter. Erhoben wurde dies durch einen Fragebogen von Kreis et al. (2014). Die Lehrkräfte sollten zuordnen, welcher Tätigkeitsbereich in wessen Zuständigkeitsbereich liegt und wo er liegen sollte. Es zeigte sich, dass nahezu alle Aspekte der Diagnostik, v. a. der Förderdiagnostik und individuellen Diagnostik, aus Sicht beider Lehrämter komplett in der Verantwortung der sonderpädagogischen Lehrkräfte lagen, während die unterrichtsbezogenen Tätigkeiten in Planung und Durchführung den Regelschullehrkräften zugeschrieben wurden. Bei beiden Lehrämtern entsprach diese Aufteilung nicht dem Ist-Zustand.

Im genannten Projekt wurden zudem 47 leitfadengestützte Einzelinterviews geführt. Zum Thema Kooperation äußerten sich die Lehrkräfte positiv und berichteten über sehr gute Kooperationserfahrungen. Allerdings gab es auch in 27 Interviews Aussagen, die als Kooperationskonflikte identifiziert und einer oder mehreren Konfliktarten zugeordnet werden konnten. Am häufigsten wurden Bedürfniskonflikte kodiert (n = 31), gefolgt von Wertekonflikten (n = 13), systemisch-strukturell bedingten Konflikten (n = 12), Weg- und Zielkonflikten (n = 8) sowie von Rollenkonflikten (n = 8) (Urbanek & Rank, 2023). Dass sich die Konflikte dabei überlagern, soll das abschließende Beispiel einer Grundschullehrerin zeigen, die an einer Stelle Folgendes sagt:

> »Also ich hatte vorher eine sehr schwierige Klasse, wo ich eine Sonderschul-Kollegin mit stundenweise in der Klasse hatte. Die hatte allerdings ein Problem mit dem Testen der Kinder, auch wenn die auffällig gewesen sind, weil sie gemeint hat, sie setzt denen dann einen Stempel auf, den sie für ihr Leben nicht mehr loswerden. Für mich wäre es aber wichtig gewesen.« (61DG02, 13)

Die Grundschullehrerin, die hier spricht, äußert einen systemisch-strukturell bedingten Konflikt, nämlich die Notwendigkeit, diagnostizieren zu müssen. Die kooperierende Sonderpädagogin möchte die Kinder nicht etikettieren, so dass es hier zu einem Wertekonflikt kommt. Die Grundschullehrerin äußert zudem einen Bedürfniskonflikt, denn für sie »wäre es wichtig gewesen«. Das bekannte Ressourcen-Etikettierungs-Dilemma führt also in diesem Fall in der Kooperation zu einer konflikthaften Situation.

Kooperation ist also in der Inklusion sehr bedeutsam, wenn auch nicht immer alle Bedingungen zu ihrem Gelingen gegeben sind. Dies ist auch eine Aufgabe der professionellen Entwicklung über Aus- und Fortbildung, dem Thema des nächsten Kapitels.

8 Kooperation in der inklusiven Grundschule

Wichtiges auf einen Blick

- Kooperation im Kontext der inklusiven Schule hat als Eigenschaften Zielbindung, bewusste Gestaltung, Gleichwertigkeit und Kommunikation.
- Kooperation ist in der Inklusion elementar und beinhaltet die Zusammenarbeit mit verschiedenen Stellen und Personen ebenso wie die unterrichtliche Kooperation im Sinne des Co-Teachings.
- Häufig werden drei Formen der Kooperation unterschieden: Austausch, Arbeitsteilung und Kokonstruktion.
- Es gibt verschiedene Co-Teaching-Formen, die sich auch im Grad der Gleichwertigkeit der Lehrkräfte unterscheiden.
- Eine der Gefahren in der inklusiven Unterrichtskooperation ist die Tendenz, dass Sonderpädagoginnen und Sonderpädagogen als alleinig zuständig für die Kinder mit Förderbedarf in der Klasse wahrgenommen werden.

Reflexionsaufgaben

1. Beobachten Sie kooperativen inklusiven Unterricht in einer anderen Klasse. Welche Co-Teaching-Formen können Sie beobachten? Wann werden sie eingesetzt? Welches Ziel steht dahinter?
2. Betrachten Sie den Film unter Hopmann et al. (2018)[17]. Welche Konflikte beobachten Sie? Wie können sie gelöst werden? Wie kann es zu einer echten Zusammenarbeit kommen?

---

[17] https://www.herausforderung-lehrerinnenbildung.de/index.php/hlz/article/view/2388

9 Kompetenzen für die inklusive Grundschule im Studium entwickeln – Ein Beispiel für die Gestaltung universitärer Lehre

Um als multiprofessionelles Team in der inklusiven Grundschule arbeiten zu können, müssen sich Lehrkräfte in Aus- und Fortbildung neu und anders professionalisieren. Bedeutsame Zielrichtungen sind Wissen, Überzeugungen und Handlungskompetenzen, auch in der kooperativen Arbeit. Insgesamt ist eine gelungene Qualifizierung für inklusive schulische Bildung so angelegt, dass eine »Verknüpfung von Einstellungen, Wissen und Handeln im Kontext inklusiver Beschulung« sowie die »Entwicklung einer positiven Werteorientierung zur Inklusion und zum allgemeinen Unterricht« erreicht wird (Buchhaupt et al., 2022, S. 16). Am Beispiel des an der Universität Regensburg durchgeführten »Zusatzstudiums Inklusion Basiskompetenzen (ZIB)«[18] soll exemplarisch verdeutlicht werden, wie dieses Zusammenspiel vorgenommen werden kann.

Das ZIB ist ein dreisemestriger Studiengang im Umfang von 26 Leistungspunkten und kann als Zusatzstudium von den Studierenden

---

18 Das Zusatzstudium Inklusion – Basiskompetenzen ist eine Maßnahme von KOLEG und KOLEG2, welche von der Universität Regensburg durchgeführt wurde bzw. wird. KOLEG und KOLEG2 wurden im Rahmen der gemeinsamen »Qualitätsoffensive Lehrerbildung« von Bund und Ländern mit Mitteln des Bundesministeriums für Bildung und Forschung unter den Förderkennzeichen 01JA1512 und 01JA1812 gefördert. Die Verantwortung für den Inhalt dieser Veröffentlichung liegt bei der Autorin.

der verschiedenen Lehrämter[19] belegt werden. Die Konzeption sieht Tandemlehre einer Dozentin aus dem Regelschullehramt und einer Dozentin[20] aus dem Förderschullehramt vor (mehr dazu unter Unverferth et al., 2022). Als zentrale Ziele werden im ZIB die Entwicklung von Handlungskompetenzen, die Reflexion von Überzeugungen sowie der Erwerb von Wissen verfolgt (Rank et al., 2019). Diese Ziele lassen sich auch im Profile for Inclusive Teachers (European Agency for Development in Special Needs Education, 2012) finden, einem europaweit abgestimmten Kompetenzrahmen für Inklusion, der Fachkräften aus dem Bildungsbereich eine gemeinsame Sprache, ein gemeinsames Repertoire und eine Referenz für inklusionsorientiertes professionelles Lernen für das gesamte Schulpersonal bietet.

An diesen Grundlagen orientiert setzt sich das ZIB folgende Ziele, die die Studierenden erreichen sollen:

- einen individuellen Förderplan, der auf einer umfassenden Lernstandsdiagnose basiert, zu entwickeln;
- geeignete Unterrichtsmethoden und -konzepte auf Grundlage der Voraussetzungen in der Lerngruppe auswählen zu können;
- ein Konzept für einen gemeinsamen Unterricht, der alle Lernenden in ihrem Lernprozess unterstützt, ausarbeiten zu können;
- geeignete Maßnahmen und Strategien des Verhaltens- und Klassenmanagements auswählen und bewerten zu können;
- ein Konzept der Elternkooperation zu entwickeln;
- ein Konzept zur Kooperation mit anderen pädagogischen Fachkräften zu entwickeln;
- Umsetzungsmöglichkeiten von inklusiver Bildung auf schulischer Ebene unter Berücksichtigung der Rahmenbedingungen zu konzipieren;

---

19 Grundschullehramt, Realschullehramt, Mittelschullehramt, Gymnasiallehramt, seit 2022 auch Lehramt an Förderschulen.
20 Da alle Mitarbeitenden im Projekt weiblich waren, wird hier die weibliche Form verwendet.

- empirische Befunde zu Inklusion als Grundlage für ihr Handeln und für Argumentationen zu nutzen.

Der Aufbau ist in den drei Semestern gleich: Vor Semesterbeginn gibt es ein vorbereitendes Theorieseminar, während des Semesters ein studienbegleitendes Praktikum mit Theorie-Praxis-Seminar und zwischen den Semestern weitere Blockpraktika. Insgesamt müssen folgende Leistungen erbracht werden: drei Theorieseminare (jeweils 2 SWS, 2 LP), drei Praxisseminare (jeweils 3 SWS, 5 LP), Blockpraktika (insgesamt 3 Wochen, 5 LP).

Inhaltlich widmen sich die drei Semester unterschiedlichen Schwerpunkten, nämlich den Grundlagen der Inklusion und der individuellen Förderung (Semester 1), dem Schwerpunkt Lernen in inklusiven Settings und der Unterstützung aller Lernenden (Semester 2), der Kooperation und Beratung sowie dem Classroom Management (Semester 3).

Das ZIB zeichnet sich durch verschiedene hochschuldidaktische Besonderheiten aus:

- Tandemlehre der Dozierenden
- sich steigernde Komplexität der schulischen Praxis
- hohe Theorie-Praxis-Verzahnung
- angeleitete Reflexionen

Die Tandemlehre wurde in allen Durchgängen immer von einer Lehrkraft des Förderschullehramts und einer Lehrkraft des Grundschullehramts durchgeführt. Für die Studierenden zeigten sich die Vorteile dieser Lehrform in verschiedenen Aspekten, die sie im Interview der Begleitforschung äußerten (nach absteigender Häufigkeit) (vgl. Unverferth et al., 2022):

- unterschiedliche Expertise
- Multiperspektivität
- Einblicke in verschiedene Schularten
- intensivere Betreuung

- modellhafte Kooperation
- Sicherung des Lehrbetriebs
- mehrere Identifikationsfiguren

Die Dozierenden selbst berichteten ebenfalls über positive Auswirkungen dieser Kooperation: Entlastung auf der persönlichen Ebene, Arbeitsteilung, inhaltliche Auseinandersetzung und Diskurs. Besonders elementar ist die Möglichkeit, eine exemplarische Zusammenarbeit vorzuleben und Fragen der Studierenden aus unterschiedlichen Blickwinkeln zu beantworten. Die Studierenden erleben modellhaft, dass für Inklusion beide Perspektiven wichtig sind und diese sich gegenseitig ergänzen (Unverferth et al., 2022).

Schulische Praxis ist ein wesentliches Element des ZIB. Von Anfang an sind die Studierenden in der Praxis und in dem Maße, wie die Studierenden ihre Kompetenzen weiterentwickeln, wird auch die Komplexität gesteigert (▶ Abb. 9.1). Die Studierenden sind in den drei aufeinanderfolgenden studienbegleitenden Theorie-Praxis-Seminaren immer parallel einmal pro Woche an derselben Schule. Auswahl der und Zusammenarbeit mit den Schulen ist ein wesentliches Moment der Organisation im ZIB. Da die Studierenden die Schule in drei Semestern gut kennenlernen, gewinnen sie eine wichtige Rolle in ihrer Klasse und Schule.

Im ersten Semester geht es v. a. um die Arbeit mit einem Kind zum theoretischen Schwerpunkt »individuelle Förderung«. Auch wenn die »Besonderung« eines einzelnen Kindes dem Gedanken der Inklusion nicht hundertprozentig entspricht, haben wir uns für diese Art der Gestaltung entschieden. Denn die Komplexität des Klassenunterrichts kann zunächst eher überfordernd wirken. Angelehnt an den Ansatz der Core Practices (Kleinknecht et al., 2022) und hier auch an die High-Leverage Practices von Deborah Ball, die sie auch auf der Internetseite teachingworks.org zusammenstellt, gehen wir davon aus, dass es bestimmte Unterrichtspraktiken gibt, die für Schülerinnen und Schüler relevant und lernunterstützend sind und die Lehrkräfte üben und trainieren können. Hierbei ist Komplexitätsreduktion eine wesentliche Bedingung, wie Fraefel (2022) schreibt, denn so können

9 Kompetenzen für die inklusive Grundschule im Studium entwickeln

Semester 1 Einzelförderung	Semester 2 Arbeit mit Gruppe	Semester 3 Klassenunterricht
Diagnostik, Beobachtungen, Förderziele, Förderplanung → individuelles Förderangebot	Differenzierung, Methoden, Planung einer Sequenz → individuelles Förderangebot für eine heterogene Kleingruppe	Planung und Durchführung von Unterricht mit gesamter Klasse → Unterrichtsstunde(n) unter Berücksichtigung eines inklusiven Classroom Managements

Abb. 9.1: Aufbau des ZIB

Fortschritte gelingen, störende Faktoren oder Interferenzen mit anderen Kernpraktiken werden geringer, die Studierenden werden nicht überfordert und können selbstwirksam arbeiten. Insofern ist das Arbeiten mit einem einzelnen Kind eine wichtige Herangehensweise: Die Studierenden lernen das Denken und die Arbeitsweise eines Kindes kennen. Sie diagnostizieren und fördern individuell.

Im zweiten Semester wird die Arbeit auf eine kleine Gruppe ausgedehnt, im dritten dann auf die gesamte Klasse. Entsprechend sind auch die theoretischen Inhalte der jeweiligen Semester aufgebaut.

Insgesamt ist die Theorie-Praxis-Verzahnung im ZIB höchst relevant. Orientiert an der Idee des situierten Lernens (Fölling-Albers et al., 2018) gehen wir davon aus, dass anwendungsbezogenes Wissen dann aufgebaut wird, wenn die Lernsituation der Anwendungssituation ähnelt, also authentisch ist. Daher sammeln die Studierenden des ZIB viele Praxiserfahrungen, sowohl an ihrer eigenen Schule als auch an weiteren Praxisstellen. Diese werden stets theoretisch angebunden, so dass die authentischen Situationen als Ausgangspunkt der Auseinandersetzung dienen, die durch multiple Perspektiven, aktive Reflexion, instruierende Begleitung und Transfer ergänzt und so vertieft wird.

Es soll nicht verschwiegen werden, dass es momentan noch nicht möglich war, alle Studierenden im ZIB an eine inklusiv arbeitende Regelschule für drei Semester zu vermitteln. Da die Studierenden Regelschullehrämter studieren, haben wir daher auch Förderschulen hinzu genommen, um im Sinne der »Kontakthypothese« nach Allport (1954) für diese Studierenden zunächst einmal eine Möglichkeit zu eröffnen, Berührungsängste ab- und Selbstwirksamkeit aufzubauen. Dies gelang auch, wie die Interviewaussagen der Begleitforschung aufzeigen (Rank et al., 2019). Damit aber die Praktika nicht zu einer unerwünschten Zementierung des Gruppendenkens führten, wurden die Erfahrungen in den Seminaren aufgegriffen, und alle Studierenden mussten im Blockpraktikum in einer inklusiv arbeitenden Regelschule tätig sein.

Damit die Praxiserfahrungen mit der Theorie verknüpft und lernwirksam werden, fertigen die Studierenden ein intensiv begleitetes Portfolio an und werden zu tiefer Reflexion ihrer Praxiserfahrungen angeleitet (Gaßner-Hofmann, 2022). Der Fokus auf die sogenannte »tiefe Reflexion« bedeutet nach Gaßner-Hofmann, dass alle drei Komponenten von Reflexion (Report, Hypothesenbildung und Handlungsausblick) enthalten sind. Im Seminar wird dies so umgesetzt, dass im ersten Schritt, dem Report, die Studierenden eine Situation aus ihrem Praktikum schildern, und zwar in der Regel eine Situation, in der sie sich nicht als wirksam erlebt haben. Die Hypothesenbildung dient v. a. dazu, sich über die Motive der handelnden Personen bewusst zu werden, darüber Hypothesen aufzustellen. Im Handlungsausblick werden Ideen entwickelt, wie im Folgenden gehandelt werden könnte. Kriterien wie Sachlichkeit, Mehrperspektivität, wissenschaftliche Begründungen werden eingefordert (Gaßner-Hofmann, 2022). In der Begleitforschung zum ZIB wird die angeleitete tiefe Reflexion als hilfreich genannt, gerade was die inklusionsbezogene Selbstwirksamkeit betrifft. Es werden Handlungsmöglichkeiten aufgezeigt, man erfährt etwa von den Erfahrungen anderer, es geht um konkrete Praxisfälle, was insgesamt auch durch die verschiedenen Strategien bei der Bewältigung von Situationen hilft (Gaßner-Hofmann, 2022).

Das ZIB wird von den Studierenden sehr gut nachgefragt und hat exzellente Evaluationsergebnisse. Durch die verschiedenen Elemente gelingt es im Zusatzstudium, die überprüften Kompetenzfacetten deutlich weiterzuentwickeln: Die Teilnehmenden des Zusatzstudiums erzielen signifikant höhere Werte bei der inklusiven Überzeugung, der inklusionsbezogenen Selbstwirksamkeit sowie dem inklusionsbezogenen Wissen im Laufe des Zusatzstudiums. In der Kontrollgruppe, die aus einer Gruppe Studierenden bestand, die das Zusatzstudium nicht absolvierte, zeigen sich hier im Vergleich keine signifikanten Veränderungen. Die Resultate sind auch noch ein Jahr nach Beendigung des ZIB stabil nachweisbar. Qualitative Ergebnisse aus der begleitenden Interviewstudie zeigen, dass die Studierenden für den Lernerfolg v. a. die Praxisphasen und deren reflexive Bearbeitung in den Lehrveranstaltungen verantwortlich machen (Zaglmair & Rank, i. Dr.).

Wichtiges auf einen Blick

- Wesentliche Zielvariablen der Hochschulehre zur Professionalisierung für inklusiven Unterricht sind der Erwerb von Wissen und Verständnis, die Reflexion von Einstellungen und Überzeugungen sowie die Entwicklung von Handlungskompetenzen.
- Als praktisches Beispiel der Hochschullehre für Inklusion wird das Zusatzstudium Inklusion dargestellt.
- Mögliche Komponenten der Hochschullehre für Inklusion sind Tandemlehre der Dozierenden, sich steigernde Komplexität der schulischen Praxis, hohe Theorie-Praxis-Verzahnung und angeleitete Reflexionen.
- Theoretische Hintergründe liefern die Ansätze des situierten Lernens (Fölling-Albers et al., 2018), der Ansatz der Core Practices (Kleinknecht et al., 2022) und die High-Leverage Practices von Deborah Ball.

> **Reflexionsaufgabe**
> Versuchen Sie, schriftlich eine tiefe Reflexion zu einer Situation ihrer schulischen Praxis zu erstellen. Gehen sie dabei in den oben angesprochenen Schritten »Report – (theoriegeleitete) Hypothesenbildung und Handlungsausblick« vor.

10 Versuch einer Bilanz und Blick in die Zukunft

Die deutsche Grundschule ist eine Schule für alle, so wird sie seit ihrer Gründung in der Weimarer Republik mystifiziert, und nun, nach Ratifizierung der UN-BRK, ist ein nächster Schritt getan. Allerdings ist, wie Studien belegen, die deutsche Grundschule immer noch weit davon entfernt, de facto eine Schule für alle zu sein. Regional sehr unterschiedlich und mit zwischen den Bundesländern sehr stark variierenden Inklusionsquoten bildet Deutschland derzeit einen Flickenteppich. Inklusion in den deutschen Grundschulen zeichnet sich durch sehr viel Mühe und Engagement einzelner Personen – auch auf politischer Ebene – aus. Aber noch ist ungeklärt, welche inklusive Praxis man eigentlich möchte. Wie gefährdet die öffentliche Zustimmung zu Inklusion ist, zeigt die Äußerung der (damaligen) KMK-Präsidentin Karin Prien im Herbst 2022, die unter anderem die »die fortschreitende Inklusion« ursächlich für das schlechte Abschneiden der deutschen Grundschülerinnen und Grundschüler im IQB-Bildungstrend 2021 benannte.[21]

Es lässt sich also bilanzieren, dass Inklusion noch nicht umfassend angekommen ist in den Köpfen gesellschaftlich relevanter Personen, auch wenn sie in der Praxis schon längst Realität ist. Es gibt das Recht auf Inklusion, es gibt Schulen, die sich auf den Weg machen, es gibt Konzepte und es gibt bestärkende Forschungsergebnisse. Andererseits gibt es derzeit auch viele Hindernisse für ihre Realisierung in der Grundschule: Zum Beispiel sorgt der Lehrkräftemangel für Überlastungen und führt auch zu Einschränkungen im Bereich von Diffe-

---

21 Hierzu der Gastkommentar im »Spiegel«: https://www.spiegel.de/panorama/bildung/inklusion-an-schulen-kinder-mit-behinderung-sind-beim-lernen-kein-bremsklotz-a-9187483f-d1b6-45a2-a886-cc8bb059c320

renzierungs- und Individualisierungsmöglichkeiten. Die für eine Inklusion erforderlichen Kompetenzen der Pädagoginnen und Pädagogen müssen nach wie vor aufgebaut werden. Die Qualität der Inklusion darf nicht das Erste sein, was geopfert wird, wenn es im Schulsystem schwierige Zeiten gibt. Deshalb sollte gerade jetzt in eine hochwertige, das Selbstkonzept und die Resilienz der Lehrkräfte steigernde Aus- und Fortbildung investiert werden, in Entlastungsstrukturen durch mehr Pädagoginnen und Pädagogen in multiprofessionellen Teams sowie durch attraktive Teilzeitangebote. Ich habe höchsten Respekt vor allen, die jeden Tag den Weg der Inklusion in widrigen Umständen gehen.

Literatur

Ahrbeck, B. (2014). *Inklusion: Eine Kritik* (2. Auflage). Stuttgart: Kohlhammer.
Allport, G. W. (1954). *The Nature Of Prejudice.* Cambridge: Addison-Wesley.
Autor:innengruppe Bildungsberichterstattung (Hrsg.) (2022). *Bildung in Deutschland 2022.* Berlin: Ständige Konferenz der Kultusminister der Länder in der Bundesrepublik Deutschland, Bundesministerium für Bildung und Forschung. https://www.bildungsbericht.de/de/bildungsberichte-seit-2006/bildungsbericht-2022/pdf-dateien-2022/bildungsbericht-2022.pdf, Zugriff am 04.08.2023.
Barsch, S. (2013). *Geistig behinderte Menschen in der DDR. Erziehung – Bildung – Betreuung.* https://doi.org/10.25656/01:17396.
Bayerisches Staatsministerium für Bildung und Kultus (Hrsg.). (2017). *Kompetenzorientierter Unterricht. Leistungen beobachten - erheben - bewerten. Grundschule.* Staatsinstitut für Schulqualität und Bildungsforschung. https://www.isb.bayern.de/download/19518/leistung_grundschule_internet.pdf, Zugriff am 11.11.2022.
Bayerisches Staatsministerium für Unterricht und Kultus (Hrsg.) (2019). *Individuelle Unterstützung. Nachteilsausgleich. Notenschutz.* Staatsinstitut für Schulqualität und Bildungsforschung. https://www.km.bayern.de/download/17664_handbuch_individuelle_unterstuetzung_nachteilsausgleich_notenschutz.pdf, Zugriff am 01.06.2023.
Bertelsmann Stiftung (Hrsg.) (2021). *Die Auswirkungen der Coronapandemie auf Schüler:innen mit Fluchtgeschichte.* https://www.bertelsmann-stiftung.de/fileadmin/files/Projekte/Weltoffene_Kommune/Policy_Paper_SchuelerInnen_mit_Fluchtgeschichte_waehrend_Corona.pdf, Zugriff am 01.06.2023.
Besic, E., & Holzinger, A. (2020). Fernunterricht für Schüler*innen mit Behinderungen: Perspektiven von Lehrpersonen. *Zeitschrift für Inklusion, 3.* https://www.inklusion-online.net/index.php/inklusion-online/article/view/580, Zugriff am 01.06.2023.
Blanck, J. M. (2014). *Organisationsformen schulischer Integration und Inklusion. Eine vergleichende Betrachtung der 16 Bundesländer.* Wissenschaftszentrum Berlin für Sozialforschung. https://bibliothek.wzb.eu/pdf/2014/i14-501.pdf, Zugriff am 01.06.2023.
Blumenthal, Y. & Blumenthal, S. (2021). Zur Situation von Grundschülerinnen und Grundschülern mit sonderpädagogischem Förderbedarf im Bereich

emotionale und soziale Entwicklung im inklusiven Unterricht: Longitudinale Betrachtung von Klassenklima, Lehrer-Schüler-Beziehung und sozialer Partizipation. *Zeitschrift für Pädagogische Psychologie (2024), 38*(1–2), 69–84. https://doi.org/10.1024/1010-0652/a000323.

Blumenthal, Y., Kuhlmann, K. & Hartke, B. (2014). Diagnostik und Prävention von Lernschwierigkeiten im Aptitude Treatment Interaction- (ATI-) und Response to Intervention- (RTI-) Ansatz. In M. Hasselhorn, W. Schneider & U. Trautwein (Hrsg.), *Lernverlaufsdiagnostik* (S. 61–81). Göttingen u.a.: Hogrefe.

Boban, I. & Hinz, A. (Hrsg.). (2003). *Index für Inklusion. Lernen und Teilhabe in der Schule der Vielfalt entwickeln.* Martin-Luther-Universität. https://www.eenet.org.uk/resources/docs/Index%20German.pdf, Zugriff am 01.06.2023.

Boger, M.-A. (2017). Theorien der Inklusion – eine Übersicht. *Zeitschrift für Inklusion, 1.* https://www.inklusion-online.net/index.php/inklusion-online/article/view/413, Zugriff am 01.06.2023.

Boger, M.-A. (2021). Risse in der Landschaft der Inklusionsforschung – Aktuelle Entwicklungen und offene Fragen. In B. Schimek, G. Kremsner, M. Proyer, R. Grubich, F. Paudel & R. Grubich-Müller (Hrsg.), *Grenzen. Gänge. Zwischen. Welten. Kontroversen – Entwicklungen – Perspektiven der Inklusionsforschung* (S. 43–58). Bad Heilbrunn: Klinkhardt. https://doi.org/10.35468/5924-03.

Bonanati, M. (2018). *Lernentwicklungsgespräche und Partizipation: Rekonstruktionen zur Gesprächspraxis zwischen Lehrpersonen, Grundschülern und Eltern.* Wiesbaden: Springer VS. https://doi.org/10.1007/978-3-658-18749-1.

Booth, T. & Ainscow, M. (2019). *Index für Inklusion: Ein Leitfaden für Schulentwicklung* (B. Achermann, D. Ahrandjani-Amirpur, M.-L. Braunsteiner, H. Demo, E. Plate, & A. Platte, Hrsg.; 2. Auflage). Weinheim, Basel: Beltz.

Bosse, S., Jaeuthe, J., Lambrecht, J., Bogda, K., Koch, H. & Spörer, N. (2018). Die Sicht von Kindern auf Inklusion in der Schule: Die Entwicklung eines Messinstruments zur Erhebung der Einstellung zum gemeinsamen Lernen im Grundschulalter. *Empirische Sonderpädagogik, 4,* 329–345.

Bronfenbrenner, U., Cranach, A. von & Bronfenbrenner, U. (1981). *Die Ökologie der menschlichen Entwicklung: Natürliche und geplante Experimente.* Stuttgart: Klett-Cotta.

Buchhaupt, F., Becker, J., Katzenbach, D., Lutz, D., Strecker, A. & Urban, M. (2022). Qualifizierung für Inklusion in der Grundschule – zur Kontextualisierung der Erträge eines aktuellen Forschungsprogramms. In F. Buchhaupt, J. Becker, D. Katzenbach, D. Lutz, A. Strecker, & M. Urban (Hrsg.), *Qualifizierung für Inklusion. Grundschule* (S. 7–22). Münster: Waxmann. https://doi.org/10.31244/9783830995135.

Budde, J. (2018). *Heterogenität in Schule und Unterricht. Gesellschaft der Vielfalt.* https://www.bpb.de/lernen/digitale-bildung/werkstatt/266110/heterogenitaet-in-schule-und-unterricht/, Zugriff am 01.06.2023.

Büker, P., Glawe, K. & Herding, J. (2022). Professionalisierung angehender Grundschullehrkräfte für Inklusion: Aktuelle Herausforderungen für die universitäre Lehrer*innenbildung. In I. Mammes & C. Rotter (Hrsg.), *Professionalisierung von Grundschullehrkräften: Kontext, Bedingungen und Herausforderungen* (S. 276-292). Bad Heilbrunn: Klinkhardt. https://doi.org/10.35468/5949.

Bundesministerium für Bildung und Forschung (BMBF) (2007). *Vertiefender Vergleich der Schulsysteme ausgewählter PISA-Teilnehmerstaaten.* https://www.uni-due.de/imperia/md/content/bifo/ackeren_isabell_van_-_2003_-_vertiefender_vergleich_der_schulsysteme_ausgewaehlter_pisa-teilnehmerstaaten.pdf, Zugriff am 01.06.2023.

Cole, S. M., Murphy, H. R., Frisby, M. B., Grossi, T. A. & Bolte, H. R. (2021). The Relationship of Special Education Placement and Student Academic Outcomes. *The Journal of Special Education, 54*(4), 217-227. https://doi.org/10.1177/0022466920925033.

Cole, S. M., Murphy, H. R., Frisby, M. B. & Robinson, J. (2022). The Relationship Between Special Education Placement and High School Outcomes. *The Journal of Special Education 2023, Vol. 57*(1) 13-23. https://doi.org/10.1177/00224669221097945.

Crenshaw, K. (1989). Demarginalizing the Intersection of Race and Sex: A Black Feminist Critique of Antidiscrimination Doctrine, Feminist Theory and Antiracist Politics. *University of Chicago Legal Forum, 1,* 139-167.

de Boer, A., Pijl, S. J. & Minnaert, A. (2012). Students' Attitudes towards Peers with Disabilities: A review of the literature. *International Journal of Disability, Development and Education, 59*(4), 379-392. https://doi.org/10.1080/1034912X.2012.723944.

Dehn, M. (2007). Förderdiagnostik und Lernbeobachtung. Konzepte für den Schriftspracherwerb in Klasse 1. In B. Hofmann & R. Valtin (Hrsg.), *Förderdiagnostik beim Schriftspracherwerb.* Berlin: Deutsche Gesellschaft für Lesen und Schreiben. https://www.institut-fuer-menschenrechte.de/menschenrechtsschutz/datenbanken/datenbank-fuer-menschenrechte-und-behinderung/detail/artikel-24-un-brk, Zugriff am 25.01.2024.

Deutscher Bildungsrat (Hrsg.) (1979). *Zur pädagogischen Förderung behinderter und von Behinderung bedrohter Kinder und Jugendlicher: Verabschiedet auf der 34. Sitzung der Bildungskommission am 12./13. Oktober 1973 in Bonn* (3. Auflage). Stuttgart: Klett-Cotta.

Deutsches Institut für Menschenrechte (Hrsg.) (2009). Artikel 24 UN-BRK (Bildung) / Article 24 UN-CRPD (Education). In *Datenbank für Menschenrechte und Behinderungen*. https://www.institut-fuer-menschenrechte.de/menschen rechtsschutz/datenbanken/datenbank-fuer-menschenrechte-und-behinde rung/detail/artikel-24-un-brk, Zugriff am 25.01.2024.

Dollinger, S. (2019). Lernunterstützende Rückmeldung in Lernentwicklungsgesprächen. *Zeitschrift für Grundschulforschung, 12*, 197–212.

Ebenbeck, N., Rieser, J., Jungjohann, J., & Gebhardt, M. (2022). How the existence of special schools affects the placement of students with special needs in inclusive primary schools. *Journal of Research in Special Educational Needs, 22*(3), 274–287. https://doi.org/10.1111/1471-3802.12565.

Eberwein, H. (1998). Ein Rückblick nach 25 Jahren Integrationsentwicklung. Die Empfehlungen des Deutschen Bildungsrates »Zur pädagogischen Förderung behinderter und von Behinderung bedrohter Kinder und Jugendlicher« von 1973. *Gemeinsam leben - Zeitschrift für integrative Erziehung, 2*. http://bidok.uibk.ac.at/library/gl2-98-bildungsrat.html, Zugriff am 01.06.2023

Einsiedler, W. (2014). Grundlegende Bildung. In W. Einsiedler, M. Götz, A. Hartinger, F. Heinzel, J. Kahlert & U. Sandfuchs (Hrsg.), *Handbuch Grundschulpädagogik und Grundschuldidaktik* (4. Auflage, S. 225–233). Bad Heilbrunn: Klinkhardt.

Ellger-Rüttgardt, S. L. (2016). Historischer Überblick. In I. Hedderich, G. Biewer, J. Hollenweger & R. Markowetz (Hrsg.), *Handbuch Inklusion und Sonderpädagogik* (S. 17–27). Bad Heilbrunn: Klinkhardt.

El-Mafaalani, A. (2021). *Wozu Rassismus? Von der Erfindung der Menschenrassen bis zum rassismuskritischen Widerstand*. Köln: Kiepenheuer & Witsch.

Embury, D. C. & Kroeger, S. D. (2012). Let's Ask the Kids: Consumer Constructions of Co-Teaching. *International Journal of Special Education, 27*(2), 102–112.

Enders, A. (2013). Italiens inklusive Schulen – Ein Vorbild für Deutschland? *Zeitschrift für Grundschulforschung, 1*, 88–101.

European Agency for Development in Special Needs Education (2012). *Teacher education for inclusion: Profile of inclusive teachers*. Odense: European Agency for Development in Special Needs Education.

Feuser, G. (1989). Allgemeine integrative Pädagogik und entwicklungslogische Didaktik. *Behindertenpädagogik, 28*, 4–48.

Feuser, G. (2011). Entwicklungslogische Didaktik. In A. Kaiser et al. (Hrsg.), *Didaktik und Unterricht* (S. 86–100). Stuttgart: Kohlhammer.

Fickermann, D. & Edelstein, B. (Hrsg.) (2021). *Schule während der Corona-Pandemie: Neue Ergebnisse und Überblick über ein dynamisches Forschungsfeld*. Münster: Waxmann.

Fölling-Albers, M., Gebauer, S., Rank, A. & Hartinger, A. (2018). Situiertes Lernen in der Lehrer(fort)bildung. In M. Rothland & M. Lüders (Hrsg.), *Lehrer-Bildungs-Forschung* (S. 77–90). Münster: Waxmann.

Forsa (2020). *Inklusion an Schulen aus Sicht der Lehrkräfte in Deutschland. Meinungen, Einstellungen und Erfahrungen. Ergebnisse einer repräsentativen Befragung von Lehrerinnen und Lehrern.* Berlin: forsa Politik- und Sozialforschung GmbH. https://www.vbe.de/fileadmin/user_upload/VBE/Service/Meinungsumfragen/2020-11-04_forsa-Inklusion_Text_Bund.pdf, Zugriff am 01.06.2023.

Fraefel, U. (2022). Mittels Kernpraktiken zu professionellem Unterrichten. *Journal für lehrerInnenbildung jlb 03-2022 Core Practices*, 16–29. https://doi.org/10.35468/jlb-03-2022-01.

Freiburg, G. (1990). Zur Integration behinderter Jugendlicher in der DDR. In B. Hille & W. Jaide (Hrsg.), *DDR-Jugend* (S. 343–354). Wiesbaden: Springer VS. https://doi.org/10.1007/978-3-322-93750-6_14.

Friend, M., Cook, L., Hurley-Chamberlain, D. & Shamberger, C. (2010). Co-Teaching: An Illustration of the Complexity of Collaboration in Special Education. *Journal of Educational and Psychological Consultation, 20*(1), 9–27. https://doi.org/10.1080/10474410903535380.

Friend, M. P. & Bursuck, W. D. (2012). *Including students with special needs: A practical guide for classroom teachers* (6th ed.). Boston: Pearson.

Füssel, H.-P., Kretschmann, R. & Scholz, H. (1993). *Gemeinsamer Unterricht für behinderte und nichtbehinderte Kinder: Pädagogische und juristische Voraussetzungen.* Witterschlick/Bonn: M. Wehle.

Gasser, L., Chilver-Stainer, J., Buholzer, A. & Perrig-Chiello, P. (2012). Soziales und moralisches Denken von Kindern über den Ein- und Ausschluss behinderter Kinder. *Zeitschrift für Pädagogische Psychologie, 26*(1), 031–042. https://doi.org/10.1024/1010-0652/a000058.

Gaßner-Hofmann, H. (2022). Die Bedeutung angeleiteter tiefer Reflexionsphasen für die Entwicklung der inklusionsspezifischen Selbstwirksamkeit aus Sicht der Studierenden. In E. Gläser, J. Poschmann, P. Büker, & S. Miller (Hrsg.), *Reflexion und Reflexivität im Kontext Grundschule: Perspektiven für Forschung, Lehrer:innenbildung und Praxis* (S. 58–63). Bad Heilbrunn: Klinkhardt. https://doi.org/10.35468/5965-06.

Gebhardt, M., Schurig, M., Suggate, S., Scheer, D., & Capovilla, D. (2022). Social, Systemic, Individual-Medical or Cultural? Questionnaire on the Concepts of Disability Among Teacher Education Students. *Frontiers in Education, 6*, 701987. https://doi.org/10.3389/feduc.2021.701987.

Geiling, U. & Simon, T. (2022). *Impulse für die inklusionsorientierte Schulentwicklung durch zeitgeschichtliche Reflexionen am Beispiel von Entwicklungen im geteilten Deutschland.* https://doi.org/10.25656/01:26212.

Gerullis, A., & Huber, C. (2017). *Soziale Distanz in inklusiven Settings (SoDiS) – Entwicklung und erste Validierung von Items zur Messung sozialer Distanz von Grundschulkindern zu Kindern mit Behinderungen und Auffälligkeiten.* https://doi.org/10.25656/01:12939.

Gietl, K. (2022). *Sachunterricht sprachsensibel planen: Eine qualitative Untersuchung zum Potenzial des Planungsmodells »inklusionsdidaktische Netze+S« in der universitären Phase der Lehrer:innenbildung* [Ludwig-Maximilians-Universität München; Application/pdf]. https://doi.org/10.5282/EDOC.31297.

Girg, R., Lichtinger, U. & Müller, T. (2012). *Lernen mit Lernleitern: Unterrichten mit der MultiGradeMultiLevel-Methodology (MGML).* Immenhausen: Prolog-Verl.

Goldan, J. & Grosche, M. (2021). Bestimmt das Angebot die Förderquote? – Effekte der räumlichen Nähe von Förderschulen auf den Anteil von Schülerinnen und Schülern mit Förderbedarf an Grundschulen. *Zeitschrift für Erziehungswissenschaft, 24*(3), 693–713. https://doi.org/10.1007/s11618-021-01010-x.

Götz, M. (2021). Die Geschichtsschreibung zur Grundschule – eine Mythenpflege? In N. Böhme, B. Dreer, H. Hahn, S. Heinecke, G. Mannhaupt & S. Tänzer (Hrsg.), *Mythen, Widersprüche und Gewissheiten der Grundschulforschung* (S. 11–24). Wiesbaden: Springer VS. https://link.springer.com/chapter/10.1007/978-3-658-31737-9_2, Zugriff am 25.01.2024.

Gräsel, C., Fußangel, K. & Pröbstel, Ch. (2006). *Lehrkräfte zur Kooperation anregen – Eine Aufgabe für Sisyphos?* https://doi.org/10.25656/01:4453.

Graumann, Ol. (2004). »Übergang« von der Grundschule in die Sonderschule. In L. Denner & E. Schumacher (Hrsg.), *Übergänge im Elementar- und Primarbereich reflektieren und gestalten* (S. 141–155). Bad Heilbrunn: Klinkhardt.

Hanisch, S., Eirdosh, D. & Atkins, P. (2020). *Community Science Leitfaden für Schulkultur. Zusammenleben in der Schulgemeinschaft verstehen und fördern.* Evo-Leipzig. http://CommunityScience.EvoLeipzig.de, Zugriff am 01.06.2023.

Hänsel, D. (2019). *Sonderschule im Nationalsozialismus. Die Magdeburger Hilfsschule als Modell.* Bad Heilbrunn: Klinkhardt.

Heimlich, U. (2016). Integration. In I. Hedderich, G. Biewer, J. Hollenweger, & R. Markowetz (Hrsg.), *Handbuch Inklusion und Sonderpädagogik* (S. 118–122). Bad Heilbrunn: Klinkhardt.

Heimlich, U., & Bjarsch, S. (2020). Inklusiver Unterricht. In U. Heimlich, E. Kiel, & S. Bjarsch (Hrsg.), *Studienbuch Inklusion: Ein Wegweiser für die Lehrerbildung* (S. 248–294). Bad Heilbrunn: Klinkhardt.

Heimlich, U., & Kahlert, J. (Hrsg.). (2012). *Inklusion in Schule und Unterricht: Wege zur Bildung für alle.* Stuttgart: Kohlhammer.

Heimlich, U., Wilfert, K., Ostertag, C. & Gebhardt, M. (Hrsg.). (2018). *Qualitätsskala zur inklusiven Schulentwicklung (QU!S®) – eine Arbeitshilfe auf dem Weg zur inklusiven Schule.* Bad Heilbrunn: Klinkhardt.

Helbig, M. (2021). (K)eine Schule für alle. Warum Grundschulen immer ungleicher werden. In N. Böhme, B. Dreer, H. Hahn, S. Heinecke, G. Mannhaupt & S. Tänzer (Hrsg.), *Mythen, Widersprüche und Gewissheiten der Grundschulforschung* (S. 25–36). Wiesbaden: Springer Fachmedien. https://doi.org/10.1007/978-3-658-31737-9_3.

Hinz, A. (2002). Von der Integration zur Inklusion – Terminologisches Spiel oder konzeptionelle Weiterentwicklung? *Zeitschrift für Heilpädagogik, 53,* 354–361.

Hinz, A. (2011). »Inklusion« statt »Integration«? Oder beides? Überlegungen und Vorschläge zur aktuellen »Begriffsverwirrung«. *Schulverwaltung spezial, 3,* 9–10.

Hinz, A. & Kruschel, R. (2017). *Entwicklung schulischer Inklusion auf Landesebene: Eine Untersuchung am Beispiel eines Unterstützungssystems in Schleswig-Holstein.* Bad Heilbrunn: Klinkhardt.

Hollenbach-Biele, N., Klemm, K. & Bertelsmann Stiftung. (2020). *Inklusive Bildung zwischen Licht und Schatten: Eine Bilanz nach zehn Jahren inklusiven Unterrichts.* https://doi.org/10.11586/2020035.

Hopmann, B., Lütje-Klose, B. & Urban, M. (2018). Rollenspiel zur Rollenklärung – Filmbeispiel und methodisch-didaktische Hinweise zur universitären Professionalisierung für Kooperation in inklusiven Ganztagsschulen. *Herausforderung Lehrer*innenbildung – Zeitschrift zur Konzeption, Gestaltung und Diskussion,* 26–32. https://doi.org/10.4119/HLZ-2388.

Hochschulrektorenkonferenz (HRK) & Kultusministerkonferenz (KMK) (2020). *Lehrerbildung für eine Schule der Vielfalt Gemeinsame Empfehlung von Hochschulrektorenkonferenz und Kultusministerkonferenz (Beschluss der Kultusministerkonferenz vom 12.03.2015/ Beschluss der Hochschulrektorenkonferenz vom 18.03.2015) Stand der Umsetzung im Jahr 2020 Gemeinsamer Bericht von Hochschulrektorenkonferenz und Kultusministerkonferenz.* https://www.hrk.de/fileadmin/redaktion/hrk/02-Dokumente/02-04-Lehre/02-04-04-Lehrerbildung/Zwischenbericht_Umsetzung_Schule-der-Vielfalt.pdf, Zugriff am 03.08.2022.

Huber, S. G. (2023). Zukunft der Bildung – Schule der Zukunft: Bildung 5.0? Trends, Herausforderungen und Empfehlungen für strategisches Handeln in der Balance von Bewahren, Innovieren und Optimieren für Bildungsinnovation und -qualität. *Konferenz EduTrends* (7–11). Luxemburg: Ministère de l'Éducation nationale, de l'Enfance et de la Jeunesse.

Hübner, P. (2016). Lernlandschaften entwerfen. In U. Stadler-Altmann (Hrsg.), *Lernumgebungen: Erziehungswissenschaftliche Perspektiven auf Schulgebäude und Klassenzimmer* (S. 113–124). Opladen: Budrich.

Jantzen, W. (1997). *25 Jahre Empfehlung der Bildungskommission des Deutschen Bildungsrates zur Pädagogischen Förderung behinderter und von Behinderung bedrohter Kinder und Jugendlicher. Weiterentwicklung – Stillstand – Rückschritt.* http://www.basaglia.de/Artikel/bildungskommission.pdf, Zugriff am 01.06.2023.

Jogschies, P. (2016). Prävention. In I. Hedderich, G. Biewer, J. Hollenweger & R. Markowetz (Hrsg.), *Handbuch Inklusion und Sonderpädagogik* (S. 314–319). Bad Heilbrunn: Klinkhardt.

Jung, J. (2021). *Die Grundschule neu bestimmen: Eine praktische Theorie.* Stuttgart: Kohlhammer.

Kahlert, J. (1998). Didaktische Netze knüpfen. Ideen für die thematische Strukturierung fächerübergreifenden Unterrichts. In L. Duncker & W. Popp (Hrsg.), *Fachgrenzen hinaus. Chancen und Schwierigkeiten des fächerübergreifenden Lehrens und Lernens. Band 2: Anregungen und Beispiele für die Grundschule* (S. 12–34). Heinsberg: Agentur Dieck.

Kauffeld, S. (2004). *Fragebogen zur Arbeit im Team.* Göttingen: Hogrefe.

Kießling, C. (2013). *Schulvorbereitende Einrichtung – Überholtes Relikt oder Alternative zum integrativen Kindergarten?* https://www.kindergartenpaedagogik.de/fachartikel/kinder-mit-besonderen-beduerfnissen-integration-vernetzung/behinderte-kinder/2256/, Zugriff am 01.06.2023.

Kleinknecht, M., Krammer, K. & Seel, A. (2022). Editorial. *journal für lehrerInnenbildung jlb 03-2022 Core Practices.* https://doi.org/10.35468/jlb-03-2022-edi.

Klieme, E., Schümer, G. & Knoll, S. (2001). Mathematikunterricht in der Sekundarstufe I: »Aufgabenkultur« und Unterrichtsgestaltung. In E. Klieme & J. Baumert (Hrsg.), *TIMSS – Impulse für Schule und Unterricht* (S. 43–57). Bonn: Bundesministerium für Bildung und Forschung.

Kultusministerkonferenz (KMK) & Hochschulrektorenkonferenz (HRK) (2015). *Lehrerbildung für eine Schule der Vielfalt. Gemeinsame Empfehlung von Hochschulrektorenkonferenz und Kultusministerkonferenz.* https://www.hrk.de/fileadmin/redaktion/hrk/02-Dokumente/02-04-Lehre/02-04-04-Lehrerbildung/HRK-KMK-Empfehlung_Inklusion_in_LB_032015.pdf, Zugriff am 01.06.2023.

Kultusministerkonferenz (KMK) (1994). *Empfehlungen zur sonderpädagogischen Förderung in den Schulen in der Bundesrepublik Deutschland. Beschluß der Kultusministerkonferenz vom 06.05.1994.* https://www.kmk.org/fileadmin/Dateien/veroeffentlichungen_beschluesse/1994/1994_05_06-Empfehlung-sonderpaed-Foerderung.pdf, Zugriff am 01.06.2023.

Kultusministerkonferenz (KMK) (Hrsg.) (2022). *Statistische Veröffentlichungen der Kultusministerkonferenz. Dokumentation Nr. 231 - Januar 2022. Sonderpädagogische Förderung in Schulen 2011 bis 2020.* https://www.kmk.org/fileadmin/Dateien/pdf/Statistik/Dokumentationen/Dok231_SoPaeFoe_2020.pdf, Zugriff am 01.06.2023.

Kultusministerkonferenz (KMK) (2004). *Bildungsstandards im Fach Deutsch für den Primarbereich.* München: Wolters Kluwer. https://www.kmk.org/fileadmin/veroeffentlichungen_beschluesse/2004/2004_10_15-Bildungsstandards-Deutsch-Primar.pdf, Zugriff am 01.06.2023

Koster, M., Nakken, H., Pijl, S. J. & van Houten, E. (2009). Being part of the peer group: A literature study focusing on the social dimension of inclusion in education. *International Journal of Inclusive Education, 13*(2), 117–140. https://doi.org/10.1080/13603110701284680.

Krämer, S., Möller, J. & Zimmermann, F. (2021). Inclusive Education of Students With General Learning Difficulties: A Meta-Analysis. *Review of Educational Research, 91*(3), 432–478. https://doi.org/10.3102/0034654321998072.

Krawinkel, S., Südkamp, A., Lange, S. & Tröster, H. (2017). Soziale Partizipation in inklusiven Grundschulklassen: Bedeutung von Klassen- und Lehrkraftmerkmalen. *Empirische Sonderpädagogik, 9*(3), 277–295. https://doi.org/10.25656/01:15172.

Kreis, A., Wick, J. & Kosorok Labhart, C. (2014). Wahrgenommene Zuständigkeiten von pädagogischem Personal in integrativen Schulen des Kantons Thurgau. *Empirische Sonderpädagogik 6*(4), 333–349 https://doi.org/10.25656/01:10022.

Krüger-Potratz, M. (2019). 100 Jahre Grundschule - 100 Jahre Umgang mit nationaler, sprachlicher und ethnischer Differenz. *Zeitschrift für Grundschulforschung, 12*(2), 383–398. https://doi.org/10.1007/s42278-019-00052-9.

Kutzer, R. (1998). Überlegungen zur Unterrichtsorganisation im Sinne strukturorientierten Lernens. In H. Probst (Hrsg.), *Mit Behinderungen muss gerechnet werden* (S. 15–69). Solms: Jarick Oberbiel.

LiGa, Lernen im Ganztag (2020). *Methoden zur Zielformulierung - SMART und Zielkreuz.* Deutsche Kinder- und Jugendstiftung und Stiftung Mercator. https://www.schulaufsicht.de/fileadmin/Redaktion/Artikel/Bilder/Beratung/Methoden_zur_Zielformulierung_SMART_und_Zielkreuz.pdf, Zugriff am 01.06.2023.

Lindemann, H. (2018). Visuelle Darstellungsformen und historische Einordnung der Inklusion – eine kritische Analyse. *Zeitschrift für Heilpädagogik, 69*, 560–568.

Lorenz, D. & Höhne, T. (2017). *Bericht zum Forschungsprojekt: Brandschutz im Schulbau.* Schriftenreihe des Fachgebiets Baulicher Brandschutz | Band 02. Kaiserslautern: Technische Universität Kaiserslautern. https://www.dbu.de/OPAC/ab/DBU-Abschlussbericht-AZ-32459.pdf, Zugriff am 01.06.2023.

Literatur

Lütje-Klose, B. (2011). Inklusion – Welche Rolle kann die Sonderpädagogik übernehmen? *Sonderpädagogische Förderung in NRW Mitteilungen, 49,* 8–21.

Lütje-Klose, B., & Urban, M. (2014). Professionelle Kooperation als wesentliche Bedingung inklusiver Schul- und Unterrichtsentwicklung. Teil 1: Grundlagen und Modelle inklusiver Kooperation. *Vierteljahresschrift für Heilpädagogik und ihre Nachbargebiete, 83*(2), 112. https://doi.org/10.2378/vhn2014.art09d.

Lutz, S., Frey, A., Rank, A. & Gebhardt, M. (2022a). Skala zur inklusiven Klassenführung – Selbsteinschätzung (InKlass-S). Regensburg. https://epub.uni-regensburg.de/52269/, Zugriff am 07.08.2023.

Lutz, S., Frey, A., Rank, A. & Gebhardt, M. (2022b). Skala zur inklusiven Klassenführung – Fremdbeobachtung (InKlass-F). Regensburg. https://epub.uni-regensburg.de/52269/, Zugriff am 07.08.2023.

Markowetz, R. (2016). Theoretische Aspekte und didaktische Dimensionen inklusiver Unterrichtspraxis. In E. Fischer & R. Markowetz (Hrsg.), *Inklusion im Förderschwerpunkt geistige Entwicklung* (S. 239–288). Stuttgart: Kohlhammer.

McElvany, N., Lorenz, R., Frey, A., Goldhammer, F., Schilcher, A. & Stubbe, T. C. (2023). *IGLU 2021 Lesekompetenz von Grundschulkindern im internationalen Vergleich und im Trend über 20 Jahre.* Münster: Waxmann.

Melzer, C., Herwix, A., Ferencik-Lehmkuhl, D. & Scheer, D. (2022). Inklusion und Innovation. Potentiale eines Innovation Hub Inklusion für regionale und interdisziplinäre Problemlösungen zur Umsetzung von Inklusion. *k:ON - Kölner Online Journal für Lehrer*innenbildung, Nr. 5,* nationale und internationale Perspektiven. https://doi.org/10.18716/OJS/KON/2022.0.1.

Miles-Paul, O. (2017). Es ist normal, verschieden zu sein. *kobinet-nachrichten. Tagesaktuelle Nachrichten zur Behindertenpolitik.* https://kobinet-nachrichten.org/2015/02/04/es-ist-normal-verschieden-zu-sein/, Zugriff am 01.06.2023.

Moeller, M. L. (2008). *Die Liebe ist das Kind der Freiheit* (16. Auflage). Reinbek bei Hamburg: Rowohlt.

Morris-Lange, S. (2016). *Ungleiches ungleich behandeln! Wege zu einer bedarfsorientierten Schulfinanzierung.* Sachverständigenrat deutscher Stiftungen für Integration und Migration (SVR). https://www.stiftung-mercator.de/content/uploads/2020/12/SVR_Policy_Brief_Bedarfsorientierte_Schulfinanzierung.pdf, Zugriff am 01.06.2023.

Munser-Kiefer, M., Mehlich, A., & Böhme, R. (2021). Unterricht in inklusiven Klassen. In A. Rank, A. Frey & M. Munser-Kiefer (Hrsg.), *Professionalisierung für ein inklusives Schulsystem* (S. 71–116). Bad Heilbrunn: Klinkhardt.

Ostrom, E. (2010). Beyond Markets and States: Polycentric Governance of Complex Economic Systems. *American Economic Review, 100*(3), 641–672. https://doi.org/10.1257/aer.100.3.641.

Pohlmann-Rother, S. & Then, D. (2023). *Vom Kindergarten in die Grundschule. Den Übergang inklusiv gestalten. Reihe ›Grundschule heute‹.* Stuttgart: Kohlhammer.

Pool Maag, S. (2017). Das Churermodell. Einblicke in eine Didaktik für inklusive Lerngruppen. *Schweizerische Zeitschrift für Heilpädagogik,* 5-6(23), 32–39.

Prengel, A. (2018). Pädagogik der Vielfalt. Inklusive Strömungen in der Sphäre spätmoderner Bildung. In F. J. Müller, A. Sander & A. Prengel (Hrsg.), *Blick zurück nach vorn, WegbereiterInnen der Inklusion* (S. 33–56). Giessen: Psychosozial-Verlag.

Prengel, A. (2019). Perspektiven von Verschiedenheit und Gleichberechtigung in der Bildung. In A. Prengel, *Pädagogik der Vielfalt* (S. 175–206). Wiesbaden: Springer Fachmedien. https://doi.org/10.1007/978-3-658-21947-5_6.

Quante, A. (2021). Inklusion verstehen- Grundbegriffe. In A. Rank, A. Frey, & M. Munser-Kiefer (Hrsg.), *Professionalisierung für ein inklusives Schulsystem* (S. 17–42). Bad Heilbrunn: Klinkhardt.

Quante, A., & Urbanek, C. (2021). Interprofessionelle Kooperation. In A. Rank, A. Frey & M. Munser-Kiefer (Hrsg.), *Professionalisierung für ein inklusives Schulsystem* (S. 117–141). Bad Heilbrunn: Klinkhardt.

Quante, A., Urbanek, C., Munser-Kiefer, M. & Rank, A. (2022). Entromantisierung der Kooperation von Lehrkräften in inklusiven Settings – eine kritische Bestandsaufnahme von Voraussetzungen und Spannungsfeldern. *k:ON - Kölner Online Journal für Lehrer*innenbildung,* Nr. 5, nationale und internationale Perspektiven. https://doi.org/10.18716/OJS/KON/2022.0.8.

Rank, A. (2021). Konflikte im Team. In A. Rank, A. Frey & M. Munser-Kiefer (Hrsg.), *Professionalisierung für ein inklusives Schulsystem* (S. 163–179). Bad Heilbrunn: Klinkhardt.

Rank, A. & Frey, A. (2021). Einleitung. In A. Rank, A. Frey & M. Munser-Kiefer (Hrsg.), *Professionalisierung für ein inklusives Schulsystem* (S. 11–15). Bad Heilbrunn: Klinkhardt.

Rank, A., Neppl, S. & Rincke, K. (2019). Begegnung mit sich, Begegnung mit anderen. In Bundesministerium für Bildung und Forschung (Hrsg.), *Verzahnung von Theorie und Praxis im Lehramtsstudium. Erkenntnisse aus Projekten der »Qualitätsoffensive Lehrerbildung«* (S. 104–111). Berlin: Bundesministerium für Bildung und Forschung (BMBF). https://www.qualitaetsoffensive-lehrerbildung.de/lehrerbildung/shareddocs/downloads/files/bmbf-verzahnung_von_theorie_un-m_lehramtsstudium_barrierefrei.pdf?__blob=publicationFile&v=1, Zugriff am 01.06.2023.

Rank, A., Quante, A., Sroka, S. & Munser-Kiefer, M. (2022). Professionalisierung für ein inklusives Schulsystem – Ergebnisse aus dem Projekt P-ink. In F.

Literatur

Buchhaupt, J. Becker, D. Katzenbach, D. L. Lutz, A. Strecker & M. Urban (Hrsg.), *Qualifizierung für Inklusion: Grundschule* (S. 23-45). Münster: Waxmann.

Rank, A. & Scholz, M. (2017). Inklusion im Sachunterricht – Unterricht planen und durchführen. In F. Hellmich & E. Blumberg (Hrsg.), *Inklusiver Unterricht in der Grundschule* (S. 313-321). Stuttgart: Kohlhammer.

Reich, K. (Hrsg.). (2017). *Inklusive Didaktik in der Praxis: Beispiele erfolgreicher Schulen*. Weinheim: Beltz.

Reiser, H. (1998). Sonderpädagogik als Service-Leistung? Perspektiven der sonderpädagogischen Berufsrolle. Zur Professionalisierung der Hilfsschul- bzw. Sonderschullehrerinnen. *Zeitschrift für Heilpädagogik, 49*(2), 46-54.

Rheinberg, F., Vollmeyer, R., Selg, H. & Ulich, D. (2019). *Motivation* (9., erweiterte und überarbeitete Auflage). Stuttgart: Verlag W. Kohlhammer.

Richardson, S. (1987). *The Principal: Gatekeeper of Change*. ERIC Document Reproduction Service. https://files.eric.ed.gov/fulltext/ED468298.pdf, Zugriff am 01.06.2023.

Rodehüser, F. (1987). *Epochen der Grundschulgeschichte: Darstellung und Analyse der historischen Entwicklung einer Schulstufe unter Berücksichtigung ihrer Entstehungszusammenhänge und möglicher Perspektiven für die Zukunft: mit einem Historiogramm*. Bochum: D. Winkler.

Rolff, H.-G. (2016). *Schulentwicklung kompakt. Modelle, Instrumente, Perspektiven* (3. vollständig überarbeitete und ergänzte Auflage). Weinheim: Beltz.

Rolff, H.-G. (2018). *Schulentwicklung kompakt: Modelle, Instrumente, Perspektiven* (Neu ausgestattete Sonderausgabe, 3., vollständig überarbeitete und erweiterte Auflage). Weinheim: Beltz.

Rude, B. (2020). Geflüchtete Kinder und Covid-19: Corona als Brennglas vorhandener Problematiken. *ifo Schnelldienst, 12*, 46-57.

Sälzer, C., Gebhardt, M., Müller, K. & Pauly, E. (2015). Der Prozess der Feststellung sonderpädagogischen Förderbedarfs in Deutschland. In P. Kuhl, P. Stanat, B. Lütje-Klose, C. Gresch, H. A. Pant & M. Prenzel (Hrsg.), *Inklusion von Schülerinnen und Schülern mit sonderpädagogischem Förderbedarf in Schulleistungserhebungen* (S. 129-152). Wiesbaden: Springer Fachmedien, https://doi.org/10.1007/978-3-658-06604-8_5.

Sasse, A., & Schulzeck, U. (Hrsg.) (2021). *Inklusiven Unterricht planen, gestalten und reflektieren: Die Differenzierungsmatrix in Theorie und Praxis*. Bad Heilbrunn: Klinkhardt.

Sauter, S. (2016). Grundbegriffe und Grundlagen: Erziehung, Bildung, Entwicklung und Heterogenität. In I. Hedderich, G. Biewer, J. Hollenweger & R. Markowetz (Hrsg.), *Handbuch Inklusion und Sonderpädagogik* (S. 169-193). Bad Heilbrunn: Klinkhardt.

Scheer, D., Scholz, M., Rank, A. & Donie, C. (2015a). »Alle außer Aaron...«. Fallbezogene Selbstwirksamkeitserwartungen, Einstellungen und Überzeugungen zukünftiger Lehrkräfte im Kontext Inklusion. *Zeitschrift für Heilpädagogik, 66*, 388–400.

Scheer, D., Scholz, M., Rank, A. & Donie, C. (2015b). Inclusive Beliefs and Self-Efficacy Concerning Inclusive Education Among German Teacher Trainees and Student Teachers. *Journal of Cognitive Education and Psychology, 14*(3), 270–293. https://doi.org/10.1891/1945-8959.14.3.270.

Scherer, P. & Moser Opitz, E. (2010). *Fördern im Mathematikunterricht der Primarstufe*. Heidelberg: Spektrum Akad. Verl.

Scholz, M., & Rank, A. (2015). Perspektive Inklusion. Inklusionsverständnis und Einstellungen zur integrativen Beschulung bei Studierenden des Grundschul- und Förderschullehramts. *Vierteljahresschrift für Heilpädagogik und ihre Nachbargebiete, 1*, 1–15.

Schönwiese, V. (2016). Behindertenbewegungen. In I. Hedderich, G. Biewer, J. Hollenweger & R. Markowetz (Hrsg.), *Handbuch Inklusion und Sonderpädagogik* (S. 44–48). Bad Heilbrunn: Klinkhardt.

Schorch, G. (2007). *Studienbuch Grundschulpädagogik: Die Grundschule als Bildungsinstitution und pädagogisches Handlungsfeld* (3., überarbeitete und erweiterte Auflage). Bad Heilbrunn: Klinkhardt.

Schwab, S. (2015). Einflussfaktoren auf die Einstellung von SchülerInnen gegenüber Peers mit unterschiedlichen Behinderungen. *Zeitschrift für Entwicklungspsychologie und Pädagogische Psychologie, 47*(4), 177–187. https://doi.org/10.1026/0049-8637/a000134.

Schwab, S. (2017). Interprofessionelle Lehrkraftkooperation im inklusiven Unterricht aus der Perspektive der Schülerinnen und Schüler. *Unterrichtswissenschaft, 45*(4), 262–279.

Schwab, S. (2018). Soziale Partizipation von Schülerinnen und Schülern mit sonderpädagogischem Förderbedarf. In K. Rathmann & K. Hurrelmann (Hrsg.), *Leistung und Wohlbefinden in der Schule: Herausforderung Inklusion* (S. 238–255). Weinheim: Beltz Juventa.

Schwalbe, A., Müller, C. M. & Wilbert, J. (2021). Wahrgenommene Gruppennormen und ihre Bedeutung für die soziale Akzeptanz und Ablehnung in Grundschulklassen. *Zeitschrift für Grundschulforschung, 14*(2), 215–235. https://doi.org/10.1007/s42278-021-00107-w.

Serke, B. (2019). *Schulisches Wohlbefinden in inklusiven und exklusiven Schulmodellen: Eine empirische Studie zur Wahrnehmung und Förderung des schulischen Wohlbefindens von Kindern mit sonderpädagogischem Förderbedarf Lernen*. Bad Heilbrunn: Klinkhardt.

Seydel, O. (2014). *Das Münchner LERNHAUS. Chancen für alle*. Landeshauptstadt München. Referat für Bildung und Sport. https://www.schulentwicklung-net.de/images/stories/Anlagen/516_Lernhaus_121014.pdf, Zugriff am 01.06.2023.

Sozialgesetzbuch (SGB) (2016). *Sozialgesetzbuch Neuntes Buch – Rehabilitation und Teilhabe von Menschen mit Behinderungen*. https://www.gesetze-im-internet.de/sgb_9_2018/, Zugriff am 01.06.2023.

Sliwka, A. & Klopsch, B. (2020). Disruptive Innovation! In D. Fickermann & B. Edelstein (Hrsg.), *»Langsam vermisse ich die Schule ...«* (S. 216–229). Münster: Waxmann. https://doi.org/10.31244/9783830992318.14.

Sliwka, A. & Klopsch, B. (2022). *Deeper Learning in der Schule: Pädagogik des digitalen Zeitalters*. Weinheim: Beltz.

Sonnleitner, M., Frey, A., Rank, A. & Munser-Kiefer, M. (2021). Inklusive Schulentwicklung. In A. Rank, A. Frey & M. Munser-Kiefer (Hrsg.), *Professionalisierung für ein inklusives Schulsystem* (S. 237–267). Bad Heilbrunn: Klinkhardt.

Spieß, E. (2004). Kooperation und Konflikt. In H. Schuler (Hrsg.), *Organisationspsychologie: Gruppe und Organisation* (S. 193–250). Göttingen: Hogrefe.

Sroka, S. (2021). Kollegiale Beratung. In A. Rank, A. Frey & M. Munser-Kiefer (Hrsg.), *Professionalisierung für ein inklusives Schulsystem* (S. 189–212). Bad Heilbrunn: Klinkhardt.

Stadler-Altmann, U. (2016). *Lernumgebungen: Erziehungswissenschaftliche Perspektiven auf Schulgebäude und Klassenzimmer*. Opladen: Budrich.

Stanat, P., Schipolowski, S., Schneider, R., Sachse, K. A., Weirich, S. & Henschel, S. (2022). *IQB-Bildungstrend 2021 Kompetenzen in den Fächern Deutsch und Mathematik am Ende der 4. Jahrgangsstufe im dritten Ländervergleich*. Münster: Waxmann.

Steinmetz, S., Wrase, M., Helbig, M. & Döttinger, I. (2021). *Die Umsetzung schulischer Inklusion nach der UN-Behindertenrechtskonvention in den deutschen Bundesländern*. Baden-Baden: Nomos. https://doi.org/10.5771/9783748924401.

Stern, C., Ebel, C. & Müncher (Hrsg.). (2006). *Bessere Qualität in allen Schulen: Praxisleitfaden zur Einführung des Selbstevaluationsinstruments SEIS in Schulen*. Verl. Gütersloh: Bertelsmann-Stiftung.

Textor, A. (2018). *Einführung in die Inklusionspädagogik* (2., überarbeitete und erweiterte Auflage). Bad Heilbrunn: Klinkhardt.

Then, D. & Pohlmann-Rother, S. (2023). Transition to formal schooling of children with disabilities: A systematic review. *Educational Research Review*, 38. https://doi.org/10.1016/j.edurev.2022.100492.

Thoma, P. (2009). Die verdrängte Rolle der Schule – Schule als Ökosystem. In P. Thoma & C. Rehle (Hrsg.), *Inklusive Schule: Leben und Lernen mittendrin* (S. 17–33). Bad Heilbrunn: Klinkhardt.

Thoma, P., & Rehle, C. (Hrsg.). (2009). *Inklusive Schule: Leben und Lernen mittendrin.* Bad Heilbrunn: Klinkhardt.

Trumpa, S. & Franz, E.-K. (2014). Inklusion: Aktuelle Diskussionslinien auf Makro-, Meso- und Mikroebene des Bildungssystems. In E.-K. Franz, S. Trumpa, & I. Esslinger-Hinz (Hrsg.), *Inklusion: Eine Herausforderung für die Grundschulpädagogik* (S. 12–23). Baltmannsweiler: Schneider-Verl. Hohengehren.

Tyack, D. & Tobin, W. (1994). The »Grammar« of Schooling: Why Has it Been so Hard to Change? *American Educational Research Journal, 31*(3), 453–479. https://doi.org/10.3102/00028312031003453.

UNESCO (Hrsg.) (1994). *Die Salamanca Erklärung und der Aktionsrahmen zur Pädagogik für besondere Bedürfnisse.* https://www.unesco.de/sites/default/files/2018-03/1994_salamanca-erklaerung.pdf, Zugriff am 01.06.2023.

UNESCO (2020). *Inklusion und Bildung: Für alle heißt für alle.* Bonn: Deutsche UNESCO-Kommission.

Unverferth, M., Gassner-Hofmann, H., Mehlich, A. & Rank, A. (2022). Kooperation in der Hochschullehre: Interprofessionelle Dozierendentandems in der Lehrkräftebildung zu Inklusion. *k:ON – Kölner Online Journal für Lehrer*innenbildung, Nr. 5*, nationale und internationale Perspektiven. https://doi.org/10.18716/OJS/KON/2022.0.7.

Urbanek, C., & Quante, A. (2021). Kooperation im inklusiven Unterricht – Co-Teaching. In A. Rank, A. Frey & M. Munser-Kiefer (Hrsg.), *Professionalisierung für ein inklusives Schulsystem* (S. 143–162). Bad Heilbrunn: Klinkhardt.

Urbanek, C. & Rank, A. (2023). Konflikte in der interprofessionellen Kooperation. *Grundschule aktuell, 161*, 35–37.

Vaishnavi, V., & Kuechler, W. (2015). *Design science research methods and patterns: Innovating information and communication technology* (Second edition). CRC Press, Taylor & Francis Group.

Vereinte Nationen. (2008). *Behindertenrechtskonvention der Vereinten Nationen.* https://www.bmas.de/SharedDocs/Downloads/DE/Teilhabe/uebereinkommen-ueber-die-rechte-behinderter-menschen.pdf?__blob=publicationFile&v=2, Zugriff am 01.06.2023.

Voß, S., Blumenthal, Y., Mahlau, K., Marten, K., Diehl, K., Sikora, S. & Hartke, B. (2016). *Der Response-to-Intervention-Ansatz in der Praxis: Evaluationsergebnisse zum Rügener Inklusionsmodell.* Münster: Waxmann.

Vygotskij, L. S. (1987). *Arbeiten zur psychischen Entwicklung der Persönlichkeit.* Köln: Pahl-Rugenstein.

Literatur

Walgenbach, K. (2012). Intersektionalität – eine Einführung. *Portal Intersektionalität. Forschungsplattform und Praxisforum für Intersektionalität und Interdependenzen.* http://portal-intersektionalitaet.de/theoriebildung/ueberblickstexte/walgenbach-einfuehrung/, Zugriff am 01.06.2023.

Woest, V. & Engelmann, Ph. (2021). Fächerverbindender naturwissenschaftlicher Unterricht. In A. Sasse & U. Schulzeck (Hrsg.), *Inklusiven Unterricht planen, gestalten und reflektieren: Die Differenzierungsmatrix in Theorie und Praxis* (S. 125–142). Bad Heilbrunn: Klinkhardt.

World Health Organisation (WHO) (Hrsg.) (2005). *Internationale Klassifikation der Funktionsfähigkeit, Behinderung und Gesundheit ICF.* https://www.bfarm.de/DE/Kodiersysteme/Klassifikationen/ICF/_node.html, Zugriff am 01.06.2023.

Wocken, H. (1993). Bewältigung von Andersartigkeit. Untersuchungen zur Sozialen Distanz in verschiedenen Schulen. In P. Gehrmann & B. Hüwe (Hrsg.), *Forschungsprofile der Integration von Behinderten. Bochumer Symposion 1992* (S. 86–106). Essen: Neue Deutsche Schule.

Zaglmair, A. & Rank, A. (i. Dr.). Das Zusatzstudium Inklusion-Basiskompetenzen (ZIB) der Uni Regensburg: Ein Angebot, das Studierende der Regelschule und Sonderpädagogik auf die Heterogenität der Schulen vorbereitet. *vds-bayern.de, »Spuren«.*

Zumhasch, C. (2014). Schulleistungsbeurteilung: Leistungen feststellen und bewerten. In W. Einsiedler, M. Götz, A. Hartinger, F. Heinzel, J. Kahlert & U. Sandfuchs (Hrsg.), *Handbuch Grundschulpädagogik und Grundschuldidaktik* (4., ergänzte und aktualisierte Auflage, S. 302–310). Bad Heilbrunn: Klinkhardt.

Danke

Von Herzen möchte ich meinen Korrekturleserinnen für ihre vielen wichtigen Hinweise und Ideen danken:

- Alina Quante
- Dr. Claudia Urbanek
- Andrea Zaglmair
- Meike Unverferth

Für die Durchsicht des kompletten Manuskripts:

- Prof. Dr. Maria Fölling-Albers
- Prof. Dr. Angela Enders
- Dr. Susanne Gebauer
- Dr. Daniela Balk

Für die Erstellung von Grafiken:

- Dr. Daniela Balk
- Dr. Saskia Knoth

Alle jetzt noch vorhandenen Fehler sind ausschließlich mir anzulasten.